Detlev Block

Daß ich ihn leidend lobe

Jochen Klepper – Leben und Werk

W0189528

JOHANNIS
LAHR

Quellen:
Die Gedichte von Jochen Klepper
Seite 6: Ohne Gott bin ich ein Fisch am Strand
Seite 14: Der Heilige und Der Eremit
Seite 26: Zeughaus
Seite 58: In jeder Nacht, die mich umfängt
Seite 89: Der Tag ist seiner Höhe nah
Seite 108: Mein Gott, ich will von hinnen gehen
sind entnommen aus »Ziel der Zeit – Die gesammelten Gedichte«,
Luther-Verlag, Bielefeld

Bildnachweis:
Die Bilder »Weihnachtsfest 1940« und »Familie Klepper vollzählig
vor dem Haus in Südende, 1936 oder 1937« sind entnommen aus:
Heinz Grosch, Nach Jochen Klepper fragen.
Die Rechte an den Bildern »Renate, 1941« und »Jochen Klepper 1929
in Breslau« liegen bei Frau Dr. Eva-Juliane Meschke, Stockholm.
Weitere Bilder sind entnommen aus: Rita Thalmann, Jochen Klepper
– Ein Leben zwischen Idyllen und Katastrophen. Die Rechte liegen
beim Verwalter des literarischen Nachlasses, Prof. Riemschneider
(USA).

Die Deutsche Bibliothek – CIP-Einheitsaufnahme

Block, Detlev:
Daß ich ihn leidend lobe: Jochen Klepper, Leben und Werk/Detlev
Block. 1993 – 3. Aufl., Lahr: Johannis, 1994
    (TELOS-Bücher; 694)
    ISBN 3-501-01131-8
NE: GT

ISBN 3 501 01131 8

TELOS-Bücher
TELOS-Taschenbuch 70694
3. Auflage 1994 · 8.–10. Tausend
© 1992 by Verlag der St.-Johannis-Druckerei, Lahr
Umschlaggestaltung: H. Baumann
Fotoproduktionen: Foto-Frost, Bad Pyrmont
Gesamtherstellung:
St.-Johannis-Druckerei, 77922 Lahr, Postfach 5
Printed in Germany   11874/1994

Inhalt

Siehe, ich will dich läutern,
aber nicht wie Silber;
sondern ich will dich
auserwählt machen
im Ofen des Elends.

Jesaja 48, 10

Ohne Gott bin ich ein Fisch am Strand,
ohne Gott ein Tropfen in der Glut,
ohne Gott bin ich ein Gras im Sand
und ein Vogel, dessen Schwinge ruht.
Wenn mich Gott bei meinem Namen ruft,
bin ich Wasser, Feuer, Erde, Luft.

Jochen Klepper

Mir ist, als wäre erst jetzt,
wo ich so müde und geängstigt bin,
das Thema meines Lebens gefunden:
»Daß ich ihn leidend lobe,
das ist's, was er begehrt.«

Tagebuch 15. 8. 1935

Jochen Kleppers Weg und Werk

Jochen Kleppers Leben liegt zu einem entscheidenden Teil offen vor uns aufgeschlagen in seinen Tagebüchern, die er in den Jahren 1932 bis 1942 geführt hat
und die später nach seinem Tod unter dem Titel »Unter
dem Schatten deiner Flügel« herausgegeben sind. Auf
lebendige Weise nehmen wir in ihnen Anteil an seiner
literarischen Arbeit, dem Geschick seiner jüdischen
Familie, der seine besondere Sorge galt, zugleich aber
auch am tragischen Gang der politischen Zeitgeschichte jener dreißiger und vierziger Jahre. Stark beein-
druckt, wie Jochen Klepper Freude und Leid, Erfolg
und Scheitern, Persönliches und Zeitgeschichtliches bis
hin zu den letzten Ängsten und Ausweglosigkeiten im
Licht des Glaubens sieht und annimmt. Den Tage-
bucheintragungen stellt er, zuerst dann und wann, ab
Sommer 1934 regelmäßig, kurze Bibelworte voran, die
meistens den Herrnhuter Losungen entnommen sind.
Die Tagebücher sind »ein Dokument der inneren Situation eines Schriftstellers und eines großen Religiösen,
wie wir es für die Zeit der Diktatur kaum noch einmal
in solch beklemmender Wahrhaftigkeit haben. Die
geradezu pedantische Gewissenhaftigkeit und Ge-
nauigkeit in der Wiedergabe des täglichen Geschehens,
dieses durch zehn Jahre durchgeführte tägliche Re-
chenschaftablegen, die tägliche Gewissenserforschung
ist nachweisbar ein Stück schlesisch-herrnhutischen
Geisteserbes« (Benno Mascher).

Jochen Klepper schildert in seinen Tagebuchauf-

7

Jochen Klepper und seine Frau 1942

zeichnungen, »womit er sich beschäftigt, was er hört und liest, was er denkt und schreibt; auch die Nadelstiche, Bremsklötze, Schikanen und Schädigungen der aufkommenden Gewaltherrschaft – ein Protokoll seiner künstlerischen und geistlichen Entwicklung, zugleich ein Geschichtsdokument, das alle Fragen und Nöte der Zeit in der interessierten, höchst engagierten Teilnahme eines Dichters und Christen spiegelt« (Martin Rößler).

Jochen Klepper wird am 22. März 1903 in Beuthen an der Oder (Niederschlesien) geboren. Seine Eltern sind der evangelische Pfarrer Georg Klepper und Hedwig, geborene Weidlich, die erst mit der Heirat vom katholischen zum evangelischen Glauben überwechselt. Jochen wächst auf zwischen zwei älteren Schwestern (Margot und Hilde) und zwei jüngeren Brüdern (Erhard und Wilhelm). Am 26. April 1903 wird er getauft. Sein Taufspruch lautet: »Fürchte dich nicht, denn ich habe dich erlöst; ich habe dich bei deinem Namen gerufen; du bist mein!« (Jes. 43, 1).

Eine unausgesetzte Taufe ist das Schreiben, weil alles so lebendig ist, daß es beschrieben sein will. Namen geben, Namen geben allen Dingen, die schon ihren Namen tragen und immer von neuem getauft sein wollen, bis sie ihren ewigen Namen tragen. Namen geben den Eltern und Kindern, Namen geben der Landschaft, den Sternen, Namen geben den Leiden und Kämpfen, Namen den Lastern, Namen der Güte – Nicht Pläne entwerfen! Nicht Ideen haben! Nicht Gestalten schaffen! Taufen – das ist es. Das ist die ganze Dichtung! Und in dem allen die eigene Taufe begreifen!

*Das: Ich habe dich bei deinem Namen gerufen, du bist
mein. So zu den Dingen und Menschen zu sprechen, ist
die Dichtung. So Gott zu einem selbst sprechen zu
hören, ist der Glaube. Wo Gott mich nicht kennt, kann
ich das Leben und seine Träger nicht kennen. Wenn
Gott mich nicht anredet, kann ich vom Leben nichts
aussprechen. Dort allein liegen die Geheimnisse der
Produktivität. Es heißt nicht: Was soll ich jetzt schreiben? Es heißt:*

> *Herr, wann wirst du wieder reden?*
> *Herr, wann wird der Garten Eden*
> *wieder erste Früchte bringen,*
> *die kein Säender ersann?*
> *Herr, wann wirst du wieder reden,*
> *daß ich Menschen, daß ich Dingen*
> *erste Namen geben kann?*

*Erzählung ist Taufe. So einfach sind die Weisheiten,
aus denen man lebt.*   18. April 1933

Das elterliche Pfarrhaus prägt den jungen Jochen
fürs Leben. Der dominierende Vater, politisch
deutschnational gesinnt, verbindet eine liberale Theologie mit pietistischer Frömmigkeit nach Herrnhuter
Art. Kleppers Mutter entspricht nicht dem traditionel-
len Bild einer schlichten, allzeit für die Gemeinde
bereiten Pastorenfrau. Sie hat Freude an Mode und
schönen Dingen und liebt den persönlichen Freiraum.
Auch der Vater hat Sinn für Lebensfreude, Feste und
Feiern gehören zum Stil des Hauses. Das Vermögen
des Großvaters väterlicherseits, der Rechnungsrat der
Breslauer Universität war, ermöglichte der Pastorenfa-

milie gewisse Privilegien. »Gespart wurde nicht; man leistete sich die neuesten Errungenschaften der Technik wie Auto und Filmapparat, fuhr jedes Jahr zum Ferienaufenthalt an die Ostsee, empfing großzügig Freunde, Verwandte und Bekannte« (Rita Thalmann). Das häusliche Puppentheater mit selbstgearbeiteten Kleidern und ausgedachten Spielszenen weckt in Jochen Klepper früh den Wunsch, Schauspieler zu werden. Überschattet wird das Beuthener Pfarrhaus-Idyll durch gesundheitliche Sorgen um Jochen, der an Asthmaanfällen leidet und eine schwere Drüsenoperation durchmachen muß, so daß das Wesen des Jungen leidende Züge und ein besonderes Anlehnungsbedürfnis gewinnt.

Im Alter von 14 Jahren besucht Jochen Klepper das Gymnasium in Glogau. Weil die tägliche Bahnfahrt für ihn zu anstrengend ist, wohnt er bei seinem Französischlehrer in Glogau. Der siebzehnjährige Klepper schreibt romantische Gedichte von Mond, Blumen, Schmetterlingen und Nachtgesichten. 1922 bekommt er das Reifezeugnis mit »gut« in Religionslehre und Deutsch und »nicht genügend« in Mathematik und Physik. Im gleichen Jahr beginnt er mit 19 Jahren Theologie zu studieren, und zwar an der Universität Erlangen, der Domäne lutherischer Theologie. Er besteht dort die hebräische Sprachprüfung und wechselt nach zwei Semestern an die Universität Breslau (Mai 1923). Besonders beeindrucken ihn die Breslauer Professoren Ernst Lohmeyer (Neues Testament), in dessen Haus der junge Student, der religiöse Kunst und Dichtung liebt, gern gesehen ist, und Rudolf Hermann (Lutherforscher), der ihm ein väterlicher Freund wird und seine schwärmerisch-romantischen Gedanken durch die Begegnung mit der Theologie Luthers ordnet und beruhigt.

Auch später ist es immer wieder Luther, der ihn tröstet.

Nur wenn ich Jesaja oder Luther lese, kommt eine Beruhigung in meinen Geist. Niemals kommt sie von der Dichtung her. 16. Juli 1933

In Luther geblättert: und sofort kommt die Beruhigung. 24. Juni 1934

Ich danke Gott, daß er mir in diesen bitteren Wochen wieder Luther in die Hände gegeben hat; denn seine Sprache ist die einzige, die ich zu verstehen, die mich zu treffen vermag; die einzige, vor der ich mich nicht mühen und quälen muß. Die Angst als Zeichen der Erwählung. Das: Dein Wille geschehe wie im Himmel also auch auf Erden. Das Recht, die Gegenwart in der Bibel leben zu dürfen, jener unfaßliche Vorgang, der alle Tage aus den Angeln hebt –. Die Führung glauben, nicht sehen! 22./23. September 1935

Milli Hermann, die Frau des damaligen Privatdozenten Rudolf Hermann, schildert den Theologiestudenten Jochen Klepper so:

»In der Schar der Theologiestudenten fiel der feingliedrige Jochen Klepper mit seiner melancholischen, warmen Stimme und seinen guten braunen, vielleicht ein wenig ängstlichen Augen auf. Die robusteren, lauten Kommilitonen nahmen ihn als angehenden Dichter nicht so ganz ernst. Du ›ästhetisches Schmaltier‹ nannten sie ihn wohl, und wenn er in seiner zaghaften Art ab und zu einmal zu einem Vortragsabend auf seiner Stube einlud, so folgten nur wenige

Jochen Klepper 1929 in Breslau

seinem Ruf... Klepper trug bei solchen Abenden
dann seine Erstlingsgedichte vor – ganz in Rilkescher
Manier gedichtet.«

Der Heilige

Man hat ihn mit lastenden Mänteln behängt,
mit bunten, befleckten und reinen.
Er trug sie geduldig, das Antlitz gesenkt,
und nahm sich von allen nicht einen.

Jetzt hat er den letzten beiseite gelegt:
den Ruhm – und nun ist er befreiter.
Er wartet, von nichts mehr berührt und bewegt,
wie Jakob am Fuß seiner Leiter.

Der Eremit

Er ist den stillsten Weg gegangen,
der zu dem Grund des Lebens führt
und ohne Willen und Verlangen
nur noch den Sinn im Un-Sinn spürt.

Er fand das Ende aller Fragen
und ist von Stummheit ganz umhüllt,
er duldet weder Angst noch Klagen
und liebt, was ihm die Nähe füllt.

Sein Leben ist in sich geschlossen,
allein noch mit ihm selbst befaßt.
In diesem Kreise, unverdrossen,
trägt er der anderen Menschen Last.

Zwei frühe Gedichte von Jochen Klepper aus »Ziel der Zeit«, das zweite in
überarbeiteter Fassung.

Je länger Jochen Klepper studiert – schon in Erlangen hört er übrigens auch andere Fachvorlesungen wie »Deutsche Kunst bis Dürer« oder »Nordische Dichter und Denker« –, desto mehr schreckt ihn in Untersuchungen und Exegesen die Wissenschaftlichkeit der Theologie ab. Er vermag ihr mit seinen Interessen und Fähigkeiten nicht voll gerecht zu werden. Schuldgefühle kommen auf, dem Elternhaus und vor allem dem Vater gegenüber. Sie führen im September 1925 zu einer Neurose des Zweiundzwanzigjährigen, dessen Gesundheit labil ist. Erste Selbstmordgedanken tauchen auf, die Frage des »Freitodes« wird ihn immer wieder begleiten und zur Auseinandersetzung anfachen. Nach einer Kur in Bad Saarow kehrt Jochen Klepper ins Beuthener Elternhaus zurück. Theologische oder künstlerische Laufbahn – mit dieser Frage quält er sich herum. Schließlich bricht er das Theologiestudium ganz ab und verläßt die Universität ohne Examensabschluß. Sehr zum Kummer des Vaters. Die Konflikte mit ihm ergeben neben Schuldgefühlen und Bitterkeit Sehnsucht nach einem Bild des »Vaters« und des »Hauses«, wie Klepper es später literarisch gestaltet. Künstlerisch, politisch und religiös beherrscht ihn seither eine übermächtige Vatergestalt.

Vater und ich sind uns ja eine der schwersten Prüfungen gewesen, die Gott uns auferlegt hat, und was Sünde, Gnade, Führung Gottes ist, haben wir in großen Erregungen und Leiden aneinander erfahren. Es ist das einzige Mal, daß ich im Leben die Bitte des Vaterunsers ganz begriffen habe, im jahrelangen Prozeß: »Und vergib uns unsere Schuld, wie wir vergeben unseren Schuldigern.«   10. August 1934

Den Traum, sich im Schauspielfach ausbilden zu lassen und die Welt auf der Bühne zu erobern, seinem Jugendidol Asta Nielsen nachzueifern, träumt Jochen Klepper aus. Aber Schriftsteller will er werden, der Kunst und der Dichtung dienen. Als Student bringt er bereits eigene Tageseindrücke und Erlebnisse zu Papier und schreibt Gedichte, die gelegentlich von Zeitungen veröffentlicht werden. Eins der ersten Gedichte Kleppers, die abgedruckt werden, ist der Prosa-Lyriktext »Zum Tode Rainer Maria Rilkes«. Aber nun werden aus literarischen Anfängen ernsthafte Versuche, zu Zeitungsredaktionen und Verlagsleitungen Kontakte anzuknüpfen. Klepper bewirbt sich bei verschiedenen Stellen. Er setzt seinen ganzen Ehrgeiz in diesen Plan.

Unerwartet erhält Klepper im Frühjahr 1927 eine Anstellung im Evangelischen Schlesischen Presseverband in Breslau, bei dem er sich gar nicht beworben hatte. Er macht dort so etwas wie eine journalistische Lehre durch und arbeitet mit Kurt Ihlenfeld (1901–1972, Verleger und Schriftsteller) und Rudolf Mirbt (Initiator des Laienspieles für Gemeinden und Jugendkreise) zusammen. Sein Ressort ist die Rundfunk-Abteilung unter dem Intendanten Friedrich Bischoff.

Sehr überraschend wirkte das Triumvirat, das da am Tisch unter den Bildern saß, über viel beschriebenes und bedrucktes Papier gebeugt. Und am überraschendsten doch wohl Jochen Klepper – denn er hatte es für notwendig gehalten, sich ein Einglas anzuschaffen, eines mit schwarzem Hornrand und einem Band daran. Damit las er seine Zeitschriften und Manuskripte. Und

Dienstgebäude des Evangelischen Presseverbandes in Breslau

so konnten denn unsere Gäste von draußen aus dem Lande, aus den Gemeinden, oftmals ein heftiges Erschrecken nicht verbergen, wenn sie ihm gegenübertraten! Er war wirklich nicht arrogant, der liebe Freund, das Monokel täuschte derartiges vor – er errötete leicht und sah den Fremden, meist durchs schwarze Tuch des Anzugs schon sein Amt verratenden Mann aus sanften braunen Augen freundlich und schüchtern an.

Kurt Ihlenfeld
in »Freundschaft mit Jochen Klepper«

So hat Klepper neben einzelnen Honoraren nun ein festes Einkommen. Er schreibt über Aktuelles auf dem Gebiet der Kunst und Kultur. Noch ist es ein Schreiben über Kunst und Dichtung, aber es ist sein Thema, und ein Anfang ist gemacht.

Zugleich wird Jochen Klepper Mitarbeiter der Zeitschrift »Eckart«, 1924 neu begründet. Diese Zeitschrift protestantischen Zuschnittes will dem gebildeten Leser Vorgänge und Zusammenhänge auf dem Spannungsfeld zwischen dem christlichen Glauben und der gegenwärtigen Literatur nahebringen. Zum »Eckart-Kreis« gehören im weiteren oder engeren Sinn Autoren, die sich im christlichen Glauben beheimatet und miteinander verbunden wissen: Rudolf Alexander Schröder, Reinhold Schneider, Otto von Taube, Werner Bergengruen, Ina Seidel, Gertrud Bäumer, Martin Beheim-Schwarzbach, Siegbert Stehmann, August Winnig, Hermann Claudius, Ernst Wiechert, aber auch Theologen und Philosophen wie Paul Tillich, Albert Schweitzer, Martin Buber und Max Picard. Jochen Klepper verfaßt Artikel zu Gedenktagen von Schriftstellern, Kunstkritiken, Kommentare zu aktuellen Themen. Dann und wann liebäugelt er mit der Idee, doch noch seine theologische Prüfungsarbeit über Gottfried Arnold, den Pietisten und Mystiker, den Anwalt aller von der amtlichen Kirche verfolgten »Ketzer«, oder über August Hermann Francke abzuschließen, aber 1928 legt er diesen Gedanken endgültig zu den Akten.

In dem chaotischen Vielerlei der geistigen Gegenwart will der »Eckart« unter dem Bilde des treuen Wächters und Kämpfers innere Kräfte wecken, die imstande sind, die vielfachen Bildungselemente des Tages zu sichten und in ein bestimmtes evangelisch-deutsches Persönlichkeitsleben einzuordnen.

Schriftleiter Harald Braun

Im Juni 1929 lernt der 26jährige Jochen Klepper die 39jährige Hanni Gerstel-Stein kennen, eine wohlhabende Rechtsanwaltswitwe. Anlaß ist Kleppers Wohnungssuche im Residenzviertel von Breslau. Er findet bei Hanni Stein als Untermieter ein Zimmer und fühlt sich in der gepflegten Umgebung wohl. Die reife, mütterliche Frau, die zwei kleine Töchter hat, die neun Jahre alte Brigitte und die sieben Jahre alte Renate, macht Eindruck auf Jochen Klepper. Sie besitzt Schönheitssinn und Welterfahrung. Jochen Klepper und Hanni Stein befreunden sich. Klepper, zu dieser Zeit innerlich zerrissen, ein einsamer Außenseiter ohne menschliche Geborgenheit, findet in dieser Frau ein verständnisvolles, mütterliches Du. 1931 heiraten sie standesamtlich. Als Rettung von zwei Vereinsamten bezeichnet Klepper ihre Eheschließung. Damit beginnt ein neuer Abschnitt in Kleppers Leben, der auf einen schicksalhaften Weg führt: Hanni Stein und ihre beiden Töchter aus erster Ehe sind Jüdinnen! Erst sieben Jahre später, 1938, findet in Berlin die kirchliche Trauung statt.

So stark auch alles Denken, Leben und Arbeiten bei Klepper vom Zentrum des Glaubens her bestimmt wurde, machte er niemals den Versuch, die ursprüngliche religiöse Indifferenz seiner Frau an irgendeiner Stelle zu durchbrechen oder durch seinen Einfluß zu lenken. Er wartete durch Jahre hindurch, ließ die Dinge des Glaubens ganz sachte und behutsam in ihr wachsen, ging jahrelang Sonntag für Sonntag seinen Weg zur Kirche und lebte bis 1938 in nicht kirchlich eingesegneter Ehe. Die kirchliche Trauung wurde erst im Augenblick vollzogen, da Hanni aus freien Stücken den Sprung in den Glauben wagte und in der Taufe besiegelte. Wohl nur von diesem Glauben her ist zu verstehen, daß aus den ungleichen Partnern eine Ehe entstehen konnte, wie man ihr tiefer und schöner kaum begegnet, eine Ehe, die den Partnern die Kraft gab, alle kommenden Prüfungen und Leiden gemeinsam zu durchstehen – bis in den Tod.   Eva-Juliane Meschke

Im Oktober 1931 siedelt Jochen Klepper nach Berlin über, um sich dort in der Reichsmetropole, die er sich noch im Nachglanz der goldenen zwanziger Jahre vorstellt, nach einer Existenz als Journalist umzusehen. Hier erhofft er sich den Einstieg in das große Kulturleben. Ein paar Novellen und Gedichte, Aufsätze und Betrachtungen zu Themen der Kultur und einen Mode-Roman »Die große Directrice«, für den er vergeblich einen Verlag sucht, bringt er mit. Immerhin gelingt es Klepper, zum Thema Kunst und Künstler einige seiner Arbeiten in Form von Hörfolgen im Rundfunk bei der Deutschen Welle unterzubringen. Später bekommt er im Berliner Funkhaus eine Stelle als Assistent. Bedingung: Er muß aus der SPD austreten, deren Mitglied er bis zur Stunde ist. Klepper sagt sich selbst zum Trost: »Ich werde niemals ein proletarischer Schriftsteller sein; das Religiöse wird mir bei der SPD immer im Wege stehen.«

Ein halbes Jahr nach ihm kommt seine Familie nach Berlin. Im Villenvorort Südende findet Klepper mit den Seinen ein erstes gemeinsames Domizil.

In der Zeit des Abschieds von Schlesien, sozusagen als Nachruf auf seine biographische Vergangenheit, entsteht Jochen Kleppers Erstlingsroman »Der Kahn der fröhlichen Leute«. Er erscheint im politischen Umbruchjahr 1933 bei der Deutschen Verlagsanstalt in Stuttgart und bedeutet für Klepper eine Bestätigung auf dem Weg zum Schriftsteller sowie eine kleine finanzielle Unterstützung. Das Buch schildert die Schiffer und Kapitäne, die auf der Oder zwischen Cosel und Stettin unterwegs sind. Im Mittelpunkt steht das Mädchen Wilhelmine Butenhof, das eine Anzahl erwerbsloser Artisten auf ihren blauen Kahn holt und ihnen Beschäftigung und Lohn bietet. Mit dieser Geschichte vom fahrenden Volk, in die Kleppers Heimatlandschaft der Oder hineingewoben ist, schreibt sich der Autor das Heimweh vom Herzen.

Ich habe während der Arbeit am dritten Abschnitt den Eindruck gewonnen, daß das ein neuer Roman wird, ein kurzer und leichter. 26. September 1932

Der »Kahn der fröhlichen Leute« bleibt eine völlige Überraschung für mich, weil ich diesen Roman nicht plante, nicht ahnte, weil er heiter und unpsychologisch wird, weil er von einfachen Leuten handelt, die ich mir nie zu schreiben zutraute … Während ich schreibe, während ich die kommenden Kapitel mit Hanni durchspreche, ist die Oder mit ihren Wolken, Wiesen, Wäldern, Schiffen in mir ein einziger Strom von Farbe, der mich oft maßlos erregt. 6. Oktober 1932

Die Ehe mit Hanni Stein, die für Jochen Klepper den Bruch mit dem Elternhaus bedeutet, wird für die antijüdische Umwelt seit dem Januar 1933, der Machtübernahme durch Hitler und sein NS-Regime, das die Verfolgung der Juden zum Staatsprogramm erhebt, mehr und mehr zum Ansatzpunkt der Kritik. Eine Ereigniskette von Angriff und Widerstand, Hoffnung und Befürchtung zieht sich durch die ganzen folgenden Jahre.

In dem Jahr, in dem Hitler Reichskanzler wird, begeht Jochen Klepper seinen 30. Geburtstag. Eben erst als Schriftsteller bekannt geworden, mit neuen Plänen und Hoffnungen erfüllt, noch ganz am Anfang seines Weges – und schon beschattet und bedrängt durch die entsetzlichen Machenschaften des »Dritten Reiches«. Vom Arierparagraphen über empfindliche Benachteiligungen der Juden, die Aberkennung ihrer deutschen Staatsangehörigkeit, den Ausschluß aus Berufsverbänden, verordnete Scheidung von nichtarischen Ehepartnern, Einführung des Judensternes, den jeder Jude sichtbar an der Kleidung zu tragen hat, bis hin zu furchtbaren Aktionen wie die »Kristallnacht«

und Deportationen in die Vernichtungslager. Grauen über Grauen, und eins entwickelt sich »folgerichtig« aus dem anderen. Jochen Klepper fürchtet um das Schicksal der Seinen. Er sieht seinen Beruf in Gefahr: Welcher Autor, der mit einer Jüdin verheiratet ist, wird noch schreiben und veröffentlichen können? Schon gibt es Denunzianten: Seht den ehemaligen SPD-Mann mit seiner jüdischen Frau! Klepper leidet in dem allen auch im Glauben: Wie kann Gott das zulassen? Wo bleibt die Kirche?

Was ist furchtbarer? Ein Volk zu sein, das wie die Juden Gottes Hand so schwer spürt? Oder ein Volk, das diese schwere Hand darstellen muß wie wir Deutschen?
29. März 1933

Ich glaube an das Geheimnis Gottes, das er im Judentum beschlossen hat; und deshalb kann ich nur darunter leiden, daß die Kirche die gegenwärtigen Vorgänge duldet. Ich ahne, was es heißt, »Knecht Gottes« zu sein.
30. März 1933

Jochen Klepper ist ursprünglich ein Schriftsteller mit säkularen Neigungen. Nach und nach erkennt er im Bewußtsein seiner eigenen Situation und der Zeichen der Zeit, daß er nur noch »unter dem Anruf Gottes« schreiben kann und will. Er will nichts anderes mehr sein als ein protestantischer Dichter.

Gott erobert sich Bezirk um Bezirk; jetzt geht es um die ganze Grundlage, um die ganze Möglichkeit meines Schreibens; jede Stunde spürt man es wie eine Krankheit; das Wort Protestantismus ist tiefer, als ich ahnte; die ganze Feindschaft zwischen Gott und Mensch steckt

darin. Fast möchte ich sagen: Entweder kann ich nun
richtig schreiben oder gar nicht mehr. Durch alle Pläne
werden von Gott kreuz und quer dicke Striche gezogen,
schmerzhafte Schnitte; ich wage den Mund nicht mehr
aufzutun. In der Buße schreiben, das ist es wohl. Nicht
von der Buße. Und ebensowenig aus Inspiration. Man
schreibt als Sünder auch in der Kunst, und es steht nur
bei Gott, wie weit er sich mit seiner Vergebung zu
einem selbst und zu dem Geschriebenen bekennt. Ich
kann keine Pläne mehr fassen. Das ist meine »Krank-
heit«; mehr als Beuthen. Mehr als mein Emigranten-
tum. Mehr als meine Überanstrengung. Mehr als die
Kinderlosigkeit.   3. September 1933

1934 nimmt die Gleichschaltung aller Verbände,
Gruppierungen und Ideen im Deutschen Reich Form
an. Alles wird unter einem Dach organisiert. Wer
Schriftsteller ist und eine Existenz haben will, muß
Mitglied in der Reichs-Schrifttumskammer sein. Wer
es nicht ist, darf in der Regel nicht publizieren. So muß
Jochen Klepper die Aufnahme in die Reichs-Schrifttumskammer beantragen – und wird aufgenommen. Er
muß die Verpflichtung unterschreiben, jederzeit für
das deutsche Schrifttum im Sinne der nationalen Regie-
rung einzutreten und den Anordnungen des Reichs-
führers des Reichsverbandes Deutscher Schriftsteller
Folge zu leisten.

Was überwiegt: Dankbarkeit oder Sorge? Wer kann
sich in der Lage Kleppers sicher fühlen? Hoffen und
Bangen wechseln sich ab. Wegen seiner Ehe mit einer
nichtarischen Frau muß Jochen Klepper mehr und
mehr Benachteiligungen und Behinderungen hinneh-

men. Aus dem Berliner Rundfunk und aus dem Ull-
stein-Verlag, wo er eine Zeitlang als Redakteur tätig ist,
muß er ausscheiden. So bleibt für ihn nur noch das
selbständige Schreiben, die Arbeit am Buch.

Unter dem Druck von außen und innen entsteht
Kleppers Hauptwerk »Der Vater«, das 1937 erscheint
und ein großer Erfolg wird. Die UFA interessiert sich
sogar für eine Verfilmung des Buches. Es schildert die
äußere und innere Geschichte Friedrich Wilhelms I.
von Preußen, des Vaters von Friedrich dem Großen.
An der Gestalt des Soldatenkönigs zeigt Klepper die
tragische Spannung zwischen Herrscheramt und
christlichem Gewissen. Glaube und Verantwortung
erheben den König zur Vaterfigur. Kleppers Roman ist
ein geheimer Protest gegen das Bild des Tyrannen und
Diktators und den Ungeist der Zeit. »Könige müssen
mehr leiden können als andere Menschen«, lautet das
Motto des Buches, das von vielen Lesern verstanden
wird.

*Seit heute glaube ich an ein neues Buch; das ist ein
religiöser Vorgang, kein künstlerischer. Denn von diesem neuen Buch habe ich nicht die ungefährste Vorstellung.* 26./27. August 1933

*Nun ist das neue Buch da. Die alten Pläne waren
weggefegt; neue Exposés, an die ich nicht glaubte, wie
der Orchesterroman, weggeschickt. Und dann, mitten
beim Abendbrot, durchfährt es einen auf einmal am
ganzen Körper: Das ist das neue Buch! Der Vater. Die
Geschichte Friedrich Wilhelms I.* 13. September 1933

Im Zusammenhang mit dem großen Roman entstehen die »Königsgedichte« und die »Olympischen So-

nette«. Sie enthalten auf verborgene Weise Anklage gegen den Machtrausch der Hitlerzeit und können deshalb nicht veröffentlicht werden. Das letzte Gedicht der »Olympischen Sonette«, geschrieben anläßlich der Berliner Olympiade 1936, heißt »Zeughaus« und nimmt Bezug auf die alten preußischen Fahnen unter den Linden:

Die Ampeln brennen über den Kanonen.
Die alten Fahnen hängen stumm im Lichte;
doch nicht zum Fest; sie werden zum Gerichte.
Sie rauschten in den Schlachten und vor Thronen.

Vor ihnen gilt kein Leugnen und kein Schonen.
Vor ihrem Wissen wird der Trug zunichte.
Zerfetzt von allen Leiden der Geschichte,
verdammen sie und weigern sich, zu lohnen.

Sie, die einst brausend in die Zukunft wehten,
sind wie das Schweißtuch eines Todgeweihten
und allen Schwüren dieser Welt entnommen.

Von Liedern schweigend, zeugend von Gebeten,
erkennen sie nur die fürs Kreuz Bereiten
und rufen nur noch, die als Beter kommen.

»Der Vater«, »die Darstellung der protestantisch-preußischen Idee in ihrer Größe und Fragwürdigkeit« (Martin Rößler), liegt in vielen Buchhandlungen aus und wird besonders von Soldaten und Offizieren gekauft und gelesen. Hitler verschenkt das Buch, das Reichskriegsministerium empfiehlt es als Lektüre für Heer, Luftwaffe und Marine. Ungewöhnlich hohe Papiermengen werden für weitere Auflagen des Buches

26

bewilligt. Trotz dieses Erfolges und vieier Anerken-
nungen in auflagenstarken Buchbesprechungen wird
Jochen Klepper im März 1937 aus der Reichs-Schrifttumskammer ausgeschlossen, was praktisch Berufsver-
bot bedeutet. Nach langen Verhandlungen gelingt es
im September 1937, eine Sondergenehmigung für Jochen Klepper zu erwirken, die die Voraussetzung für
eine weitergehende literarische Tätigkeit ist. Sie kann
jederzeit zurückgenommen werden. Aus Vorsichts-
gründen lehnt Klepper jede Einladung zu öffentlichen
Vorträgen und Lesungen ab.

*So ist nun das Schwere, mit jeder Post erwartet,
gekommen; der Ausschluß aus der Schrifttumskammer.
– In solchen Stunden kann nichts gelten und geschehen
als der Blick auf die Worte der Schrift. Wir werden
weiter arbeiten und weiter die stillen Feste begehen, so
lange es gewährt ist. Denn nun liegt wohl eine lange,
schwere Wartezeit vor uns; und sie darf nicht verloren
werden für den Fall, daß ich die Ausnahmegenehmi-
gung erhalte.* · 27. März 1937

Von offizieller Seite wird Klepper wiederholt nahe-
gelegt, sich scheiden zu lassen; er könnte damit allen
Schwierigkeiten enthoben sein. Die Liebe zu Hanni
und ihren Kindern und seine christliche Überzeugung
von der Unlösbarkeit der Ehe binden ihn fest an seine
Frau, allen drohenden Gefahren zum Trotz. Die Angst
um das künftige Schicksal von Frau und Kindern läßt
ihn immer neu Zuflucht suchen im Trost des Glaubens.

*Hanni und ich können nicht anders: wir hoffen
irdisch nichts mehr; aber wo wir von Gottes Freundlich-*

Familie Klepper vollzählig vor dem Haus in Südende
1936 oder 1937

*keit gesungen und gepredigt hören, wird unser Herz
weit; wir wissen, was Qual, Ekel, Müdigkeit, Verzweiflung ist – aber wir können nicht irre werden an
Gott als dem Vater, Herrn, Führer und Schöpfer.*

11. Dezember 1938

*Ach, die schwere Sorge um Reni. An der bin ich müde
geworden in allem Glauben; aber der allein wird uns
hindurchhelfen.*

24. November 1940

Literarisch erscheinen 1938 die beiden Ergänzungs-
bücher zum »Vater«: »In tormentis pinxit« (in Qualen
gemalt), Briefe und Bilder des Soldatenkönigs, und
»Der König und die Stillen im Lande«, Begegnungen
Friedrich Wilhelms I. mit den Pietisten aus Halle. Die
starke Nachfrage zeigt den Protest vieler Leser gegen
den widerchristlichen Geist des Dritten Reiches. Am
6. August 1938 erwähnt Klepper in seinen Tagebüchern zum ersten Mal sein Bändchen »Kyrie«: eine
Sammlung eigener geistlicher Gedichte, die er zusam-
menstellt und zur Veröffentlichung vorbereitet. Das
Schreiben von Kirchenliedern gehört für Klepper
schon eine ganze Zeitlang zu den beglückendsten Tä-
tigkeiten. Der Band »Kyrie« findet in den Gemeinden
ein starkes Echo. Er ist ein so wichtiges dichterisches
Vermächtnis von Jochen Klepper, daß er in dieser
Ausgabe in einem eigenen Kapitel gewürdigt wird.
Anläßlich eines Besuches des Komponisten Gerhard
Schwarz schreibt Klepper im Tagebuch:

*Die Wendung, die ich gemacht habe, mit dem Text
der Bibel zu »dichten« (wie im Roman mit der Geschichte), hält er für den einzigen Weg zum neuen
Choral, sonst wird nämlich Museum daraus, wenn wir*

die Alten mit einer Naivität nachahmen, die wir 1938
nicht mehr haben können.   12. Juli 1938

Die letzte literarische Arbeit Kleppers, die aber nicht
zur Vollendung kommt, ist »Das ewige Haus«, ein
Romanplan über Katharina von Bora, Luthers Frau,
und damit über das Urbild des Pfarrhauses. Klepper
verwendet viele Gedanken daran, vermag aber in der
immer drohender heraufziehenden Gefahr für die Seinen über das Fragment »Die Flucht der Katharina von
Bora« hinaus zu keiner Verwirklichung seiner Idee
mehr zu kommen. Was ihn lähmt, beschreibt er selber
so:

Die Lähmung liegt aber tiefer. Wie kann ich »Christ-
liches« schreiben, solange der Gedanke an den Selbst-
mord nicht überwunden ist? Anderes aber als Christli-
ches ist mir nicht schreibenswert, nicht lebenswert.
           28. November 1942

Über sieben Jahre nach der standesamtlichen Eheschließung kommt es am 18. Dezember 1938 in der
Mariendorfer Kirche zur Erfüllung eines Herzenswun-
sches von Jochen Klepper: Hanni läßt sich taufen, und
beide werden anschließend kirchlich getraut. Der mit
ihnen befreundete Pastor Kurzreiter vollzieht die beiden Amtshandlungen. Langes behutsames Abwarten
Kleppers geht voran und läßt den Glauben seiner Frau
wachsen und reifen. Am Heiligen Abend geht die
ganze Familie zusammen zur Christvesper, für Jochen
Klepper eine Festfreude besonderer Art. Am ersten
Weihnachtstag nehmen Hanni und Jochen zum ersten
Mal gemeinsam am Abendmahl teil. So wächst das

geistliche Miteinander auch zu einer kirchlichen Gemeinschaft, die trägt und stärkt.

Auf dem Altar waren die vier Lichter des Adventsbaumes angezündet, sonst nur die Altarkerzen; kein Mensch, keine Musik, nur Gottes Wort, das aber voll solchen Gewichtes, so bewußt gewählt: Worte der Freude in unserem großen Kummer, unserer Bedrohung. 18. Dezember 1938

Keiner, dem der schwere Ernst dieses Heiligen Abends nicht bewußt war; und doch war das lichte, kleine, festliche Haus von Heiterkeit und Lebendigkeit erfüllt, von Zufriedenheit und Dankbarkeit nicht minder. 24. Dezember 1938

Im Mai 1939 glückt nach längerer Vorbereitung die Ausreise der älteren Stieftochter Brigitte nach England. Diese noch rechtzeitige Auswanderung rettet ihr das Leben. Ein Stein fällt vom Herzen – aber nur einer. Jochen Klepper trägt am 9. Mai in sein Tagebuch ein: »Jetzt ist Hanni schon mit Brigitte am Schiff. Es ist so ein tiefer Eingriff – manchmal denke ich, ein Eingriff, den Brigitte vornimmt, dessen Gott sich aber annimmt.« Die ersten Nachrichten von Brigitte, die bei Freunden in England aufgenommen wird, beruhigen und ermutigen.

Zwei Wochen später zieht die restliche Familie Klepper-Stein in einen anderen Stadtteil Berlins, nach Nikolassee in die Teutonenstraße 23.

Dort vollzieht sich der letzte Lebensabschnitt von Jochen Klepper zunehmend in der Spannung zwischen Idylle und Katastrophe (Rita Thalmann). In Kleppers Tagebuchaufzeichnungen finden sich die schrecklichen

Renate Stein 1940

Zeitereignisse, die auf das Ende zulaufen, in erstaunlicher Nähe zu idyllischen Landschafts- und häuslichen Festtagsskizzen.

Ein Morgen von gläserner Klarheit, strahlendem Glanz und herber Kühle. Auf dem Weg zur Kirche, den die bunten Gärten und die dunklen, hohen Kiefern schmücken, schimmerte die Rehwiese weiß von Wiesenschaumkraut. Der ganze Kirchhügel über dem Birkengrunde ist nun begrünt; auch die Ebereschen haben ihr Laub. Und im Garten haben sich die schmalen, glänzenden Buchenknospen zu rötlichen Blättern entfaltet, die wunderbar abgetönt sind zur hohen Birn- und Apfelblüte im Garten. 12. Mai 1940

Der Heilige Abend versammelte uns um den Refektoriumstisch. Kerzen zu Füßen der Madonna, Kerzen in goldenen Sternen auf den alten, herrlichen Schränken, der hohe Silberleuchter auf dem Tisch. Alle Heiligen und der Engel im Schlafzimmer hielten wieder ihr Lichtlein, der Engel seinen großen Tannenzweig. Hannis schönstes Geschenk: die barocke Taube des Heiligen Geistes; meines: der zinnerne, antike Blumenkübel; Renerles: der Ring. 24. Dezember 1940

Im Juni 1940 läßt sich auch Renate Stein taufen. Pastor Karl Wiese vollzieht die Taufe in der Kirche zu Nikolassee. Wenige Freunde nehmen daran teil. Jochen Klepper schreibt: »Renerle war sehr ergriffen, aber in den Antworten und im Aufsagen des Glaubensbekenntnisses sehr sicher . . . Für mich hat nun zehnjähriges geduldiges Warten seine Erfüllung gefunden.«

1940 wird Jochen Klepper zunächst zur Schutzpolizei und dann zur Wehrmacht einberufen. Polen, der

Weihnachtsfest 1940

Balkan, Bulgarien und Rußland sind die Kriegsschau-
plätze, die er erlebt: Wegen »Wehrunwürdigkeit« im
Blick auf seine nichtarische Ehe wird Klepper später
aus dem Heer entlassen. Seine Tagebücher und Aufzeichnungen aus dem Kriege erscheinen posthum und
gesondert unter dem Titel »Überwindung«. Nach der
Rückkehr bemüht sich der Vater intensiv um die
Ausreisegenehmigung für Renate nach Schweden. Die
Deportation der Juden in die Vernichtungslager steht
auf dem Höhepunkt. Zwar erreicht Klepper beim
Innenminister Frick eine Art Schutzbrief für die Sei-

An
Herrn Jochen K l e p p e r
Berlin-Nikolassee
Teutonenstr.23.

Sehr geehrter Herr Klepper!

Im Auftrage von Herrn Reichsminister Dr. Frick teile
ich Ihnen auf Ihr Schreiben vom 25.10.1941, in dem Sie Ihre
häusliche und persönliche Lage nochmals referieren, mit, daß
Sie wegen des Verbleibs Ihrer Stieftochter Renate Stein bei
Ihnen sich keine unnötigen Sorgen zu machen brauchen. Sie
fällt nicht unter die Maßnahmen, die in Verbindung mit dem
Evakuierungsprogramm zur Zeit durchgeführt werden.

Heil Hitler!

Dr. Langbehn

nen, der eine Freistellung von den Maßnahmen gegen
die Juden bedeutet, aber später kann auch keine Emp-
fehlung eines Reichsministers mehr etwas gegen die
Gestapo Himmlers ausrichten.

Renate Sara Stein – jede Jüdin hat nun diesen zweiten
Vornamen zur Kenntlichmachung zu tragen – wird
eines Tages zum Arbeitsamt bestellt. Zwangsarbeit
oder gar Deportation? Renate wird zur Fabrikarbeit

verpflichtet, als Monteurin in den Siemens-Schuckert-Werken. Dort erlebt sie immer wieder, wie jüdische Mädchen und Frauen abgeholt werden und nicht wiederkommen. Endlich erreicht das mit Klepper befreundete Ehepaar Kurt und Eva Juliane Meschke in Schweden nach langen Bemühungen, daß Renate Stein die Einreise nach Schweden genehmigt wird. In letzter Minute ein Aufblitzen von Hoffnung! Aber es muß noch die deutsche Ausreisegenehmigung beantragt werden. Dafür ist in normalen Zeiten der Innenminister zuständig, eben der Dr. Frick, der für Kleppers Stieftochter jenen »Schutzbrief« ausgestellt hat. Aber diese Zuständigkeit ist Dr. Frick genommen worden. Er kann nicht helfen. In einem bestürzenden Gespräch erklärt er Jochen Klepper die neue Lage. Die Entscheidung liegt allein beim Sicherheitsdienst der Geheimen Staatspolizei.

»Noch ist Ihre Frau durch die Ehe mit Ihnen geschützt. Aber es sind Bestrebungen im Gange, die die Zwangsscheidung durchsetzen sollen. Und das bedeutet nach der Scheidung gleich die Deportation des jüdischen Teils.« Dies seine (Fricks) Worte. Er war erregt und bedrückt und lief am Schreibtisch auf und ab. »Ich kann Ihre Frau nicht schützen. Ich kann keinen Juden schützen. Solche Dinge können sich ja der Sache nach nicht im geheimen abspielen. Sie kommen zu den Ohren des Führers, und dann gibt es einen Mordskrach.« Für ihn, der seinerzeit Hitler erst die Möglichkeit geschaffen hat, gewählt zu werden. 8. Dezember 1942

So muß sich Klepper in höchster Not schließlich an den Sicherheitsdienst wenden, um noch in letzter Minute die Ausreisegenehmigung für die Tochter seiner Frau zu erhalten. Am 9. Dezember 1942 wird Klepper in das Reichssicherheitshauptamt in der Prinz-Albrecht-Straße bestellt. Ausgerechnet Adolf Eichmann, Hitlers berüchtigter Sachbearbeiter der »Endlösung der Judenfrage«, sitzt Klepper gegenüber und führt die Verhandlung. Zunächst sieht es nach Hoffnung aus. Eichmann drängt auf sofortige Ausreise Renis und sagt eine endgültige Antwort für morgen nachmittag um 15 Uhr zu. Es muß nur noch geprüft werden, ob keine sicherheitspolizeilichen Bedenken gegen diese Regelung bestehen. Nur eine gemeinsame Ausreise von Frau und Tochter würde nicht genehmigt. Eichmann: »Ich habe noch nicht mein endgültiges Ja gesagt. Aber ich denke, die Sache wird klappen.«

»Noch ein Tag so qualvollen Wartens«, trägt Klepper in sein Tagebuch ein. Ein Rätselsatz: »Eine gemeinsame Ausreise würde nämlich nicht gestattet« – will man Hanni als Geisel für Reni, würde man Hanni verweigern, was man Reni vielleicht zugesteht?

Abends kommt Kleppers Schwester Hilde. Sie ist in alles eingeweiht. Testamentsbesprechung, Letztes für alle Fälle. Reni ist bereit, mit in den Tod zu gehen.

»Wenn der Herr die Gefangenen erlösen wird, so werden wir sein wie die Träumenden«, trägt Klepper ein.

Gott weiß, daß ich es nicht ertragen kann, Hanni und das Kind in diese grausamste und grausigste aller Deportationen gehen zu lassen. Er weiß, daß ich ihm dies nicht geloben kann, wie Luther es vermochte: »Nehmen sie den Leib, Gut, Ehr, Kind und Weib, laß

Jochen Klepper mit Hanni und Reni im Garten des
Südender Hauses an seinem Geburtstag 1937

fahren dahin –«. Leib, Gut, Ehr – ja! Gott weiß aber
auch, daß ich alles von ihm annehmen will an Prüfung
und Gericht, wenn ich nur Hanni und das Kind not-
dürftig geborgen weiß. – Stürben Hanni und das Kind,
Gott weiß, daß sich nichts in mir gegen seinen Willen
auflehnte. Aber nicht dies.   8. Dezember 1942

Am nächsten Tag wird die Ausreisegenehmigung
nicht erteilt. Das bedeutet die Entscheidung. Jochen
Klepper kann das Leben seiner Frau und seiner Stieftochter nicht mehr schützen. Er will lieber in Gottes
Hand als in die Hände der Menschen fallen. Hilde
Klepper versucht, ihren Bruder vom »Freitod« abzu-
bringen: Morgen kann schon Rettung kommen, die
Ausreise vielleicht doch noch genehmigt werden! Hat
er nicht als Schriftsteller ein noch unvollendetes Werk
vor sich? Solch ein Ende könne man nicht verantworten. Hannis Antwort: »Hilde, du kannst ganz beruhigt
sein, wir tun nichts Unüberlegtes.« Gefaßter herzlicher
Abschied. Spätabends noch ein Anruf bei Hilde Klepper. Jochen sagt als letztes: »Heute nacht werden wir
im Paradiese sein!«
In der Nacht vom 10. zum 11. Dezember 1942 gehen
Jochen Klepper und die Seinen durch Gasvergiftung
aus dem Leben.

Nachmittags die Verhandlung auf dem Sicherheits-
dienst. Wir sterben nun – ach, auch das steht bei Gott –
Wir gehen heute nacht gemeinsam in den Tod. Über uns
steht in den letzten Stunden das Bild des segnenden
Christus, der um uns ringt. In dessen Anblick endet
unser Leben.   10. Dezember 1942

10 Dezember 1942

Nachmittags die Verhandlung auf dem Sicherheitsdienst.
Wir sterben nun — ach, auch das steht bei Gott.
Wir gehen heute Nacht gemeinsam in den Tod.
Über uns steht in den letzten Stunden das Bild des Segnenden Christus, der um uns ringt. In seinen Anblick endet unser Leben.

Letzte Eintragung Kleppers in sein Tagebuch

»Die Toten lagen auf einer Daunendecke in der Küche auf dem Boden. Beide Frauen hielten sich umarmt; ihre Augen waren geschlossen. Jochens Augen waren offen geblieben und drückten ein großes Erstaunen aus« (Hilde Klepper).

Hitler soll über Eichmanns »ungeschicktes Verhalten« sehr aufgebracht gewesen sein und die Bekanntgabe von Kleppers Tod verboten haben, um jedes Aufsehen zu vermeiden. Aber die Nachricht von diesem Sterben spricht sich schnell herum. Die Trauerfeier findet in der kleinen Beerdigungskapelle neben der von Klepper so geliebten Kirche in Nikolassee statt. Etwa achtzig Menschen geben Jochen Klepper und den Seinen die letzte Ehre. Pastor Karl Wiese hält die Trauerfeier. Die Toten werden auf dem Friedhof Nikolassee beigesetzt. Im Querbalken des Kreuzes stehen später die drei Namen zusammen, im Längsbalken steht das Todesdatum 11. 12. 42.

Ein Augenzeuge: »Von der Trauerfeier kann man wohl sagen, daß in dieser Gemeinde mehr zugegen waren als die wenigen Menschen. Es dauerte sehr lange, aber als zuletzt der Sarg allein dastand mit dem Kranz lachsfarbener Alpenveilchen, da war das Schweigen wie ein Ruf. Das große Grab vergißt man nicht. Neunmal die Erde.«

Ein anderer, Karl Pagel in seinem Vorwort zu »Die Flucht der Katharina von Bora«:

»Drei schwarze Särge standen vor den offenen Gruben. Die Trauergemeinde, die sich am frühen Nachmittag des 15. Dezember 1942 auf dem Friedhof neben der kleinen Kirche von Nikolassee versammelt hatte, war nicht groß. Nachbarn, Verwandte und einige

Grabkreuz auf dem Gemeindefriedhof
Berlin-Nikolassee

Freunde, wie sie mehr oder weniger zufällig hatten
benachrichtigt werden können. Nicht alle hatten ge-
wagt zu erscheinen. Jeder empfand den lähmenden
Schrecken, der von den drei Särgen ausging. Verbisse-
nes Schweigen verhüllte die Erschütterung, die alle
bewegte.

Wir standen ratlos vor diesem Tode und wußten
keine Antwort auf die Fragen, die sich stellten. Wohl

42

jeder der Anwesenden hatte die drei Toten, die es zu bestatten galt, in persönlichem Umgang gekannt, hatte sie vielleicht noch vor wenigen Tagen von Angesicht zu Angesicht gesehen. Keiner hatte mit der Möglichkeit dieses Todes gerechnet.

Der Geistliche, der die Toten an der Grabstätte einsegnete, beschränkte sich fast auf den liturgischen Rahmen, auf Bibelwort und Gebet. Die drei Särge wurden in die Erde gebettet; schweigend ging die Trauergemeinde auseinander: möchte den Toten die Erde leicht sein.

Der Schriftsteller Jochen Klepper, seine Frau und deren Tochter, sie waren eingezogen in das Ewige Haus, ob ihr Tod nun Verzweiflung war oder Protest.«

Die schlichte Ordnung der Trauerfeier, von Jochen Klepper selbst zusammengestellt:

Lied: Aus tiefer Not schrei ich zu dir

Gebet: Aus der Tiefe rufe ich, Herr, zu dir (Ps. 130)

Schriftworte:

Wisset ihr nicht, daß eurer Leib ein Tempel des Heiligen Geistes ist, der in euch ist, welchen ihr habt von Gott, und seid nicht euer selbst? Denn ihr seid teuer erkauft, darum so preiset Gott an eurem Leibe und in eurem Geiste, welche sind Gottes.

1. Korinther 6, 19–20

Richtet nicht, auf daß ihr nicht gerichtet werdet.

Matthäus 7, 1

Denn wir haben nicht einen Hohenpriester, der nicht könnte Mitleiden haben mit unseren Schwachheiten, sondern der versucht ist allenthalben gleichwie wir, doch ohne Sünde. Darum lasset uns hinzutreten mit Freudigkeit zu dem Gnadenstuhl, auf daß wir Barmherzigkeit empfangen und Gnade finden auf die Zeit, wenn uns Hilfe not sein wird.   Hebräer 4, 15–16

Zuletzt, meine Brüder, seid stark in dem Herrn und in der Macht seiner Stärke. Ziehet an den Harnisch Gottes, daß ihr bestehen könnet gegen die listigen Anläufe des Teufels. Denn wir haben nicht mit Fleisch und Blut zu kämpfen, sondern mit Fürsten und Gewaltigen, nämlich mit den Herren der Welt, die in der Finsternis dieser Welt herrschen, mit den bösen Geistern unter dem Himmel. Um deswillen ergreifet den Harnisch Gottes, auf daß ihr an dem bösen Tage Widerstand tun und alles wohl ausrichten und das Feld behalten möget. So stehet nun, umgürtet an euren Lenden mit Wahrheit und angezogen mit dem Panzer der Gerechtigkeit und an den Beinen gestiefelt, als fertig, zu treiben das Evangelium des Friedens. Vor allen Dingen aber ergreifet den Schild des Glaubens, mit welchem ihr auslöschen könnt alle feurigen Pfeile des Bösewichtes; und nehmet den Helm des Heils und das Schwert des Geistes, welches ist das Wort Gottes.
Epheser 6, 10–17

Aber in dem allen überwinden wir weit um deswillen, der uns geliebet hat. Denn ich bin gewiß, daß weder Tod noch Leben, weder Engel noch Fürstentümer noch Gewalten, weder Gegenwärtiges noch Zukünftiges, weder Hohes noch Tiefes noch keine andere Kreatur mag uns scheiden von der Liebe Gottes, die in Christo Jesu ist, unserm Herrn.   Römer 8, 37–39

Gebet mit persönlichem Gedenken

Lied: Sollt ich meinem Gott nicht singen? Vers 8 und 11

Mitten wir im Leben sind mit dem Tod umfangen

Stimmen zu Jochen Kleppers Tod:

Sein Geschick ist nur deutbar aus seiner Auffassung von der Ehe: Er fühlte sich eingefordert für das Heil seiner Frau und ihrer Kinder, für die Heimführung Judas. Denn das ist das Wort des Apostels, daß der Mann dem Weibe, das Weib dem Manne zum Heil sein sollte. Daß er Frau und Kinder zu Christus führe, war Kleppers Auftrag. Er hat ihn erfüllt. Als ihm aber die Macht des Verbrechens die gelobte Gemeinschaft nicht mehr erlaubte, nahm er seine Frau und die jüngste Tochter an der Hand und eilte zu Gott, ehe er sie gerufen hatte. Das war ein Akt des Glaubens: schütze, die ich nicht mehr schützen kann! Es war ein Selbstmord unter dem Kreuz, dem Zeichen der Liebe. Das Problem stellt sich in einer Gestalt, auf die es keine Antwort gibt.   Reinhold Schneider in »Verhüllter Tag«

Einer von uns ist vor der Zeit dahingegangen: Jochen Klepper. Die Nachricht von seinem Ende und den Ereignissen, die es herbeigeführt haben, hat mich schwer erschüttert. Wenn Jochen Klepper nicht mehr ein und aus wußte, so hat er zuvor die leibhaftige Hölle gesehen. Da muß man in Demut schweigen und den Bruder der Gnade Gottes empfehlen. Und ich glaube getrost, daß er dieser Gnade versichert sein kann.
    Siegbert Stehmann an Rudolf Alexander Schröder

Mahnmal in Nikolassee. 1961 errichtet von den evangelischen Gemeinden des Kirchenkreises Zehlendorf

In Jochen Klepper hat sich die ganze Widersprüch-
lichkeit der bürgerlichen Welt seiner Zeit ausgetobt. In
seiner Person wie in seinem Schicksal. Was ihn über-
dauert, ist die Macht und Hilflosigkeit seines Glaubens. Wenn ich so ungeschützt leben müßte, wie er
gelebt hat, wie könnte ich bestehen? Als Protestant
habe ich sonst niemals Fürbitte für Verstorbene getan.
Sie für Jochen Klepper zu tun, war mir ein Bedürfnis.
Vielleicht aus dem Gefühl heraus: Wie sollte uns
vergeben werden, wenn ihm nicht vergeben wird?

Ein ungenannter Freund

Für die christliche Gemeinde wird dieser Selbstmord
immer ein schwerer Anstoß bleiben. Aber sie weiß
auch, daß nicht wir Menschen richten, sondern Gott,
der die Herzen erforscht und kennt. Wer von uns
Menschen vermöchte auch nur zu ahnen, was in einem
Herzen in so verzweifelter Not vor sich geht. Die frühe
Christenheit nannte die Mädchen Märtyrerinnen, die
in Verfolgungszeiten in Flüsse sprangen, um der
Schändung durch die römische Soldateska zu entflie-
hen. Erst Augustinus, der in einer Zeit der Sicherheit
lebte, warf die Frage auf, ob dies zu Recht geschehen
sei. Dies sollte uns zu denken geben!

Wolfgang Zeller in »Menschen vor Gott«

Wer glaubt, daß Jochen Klepper und die Seinen ihr
Leben fortgeworfen haben, ohne in eine Ausweglosig-
keit geraten zu sein, aus der es nun wirklich kein
Entrinnen mehr gab, tut ihnen und der Gemeinde Jesu
Christi ein großes Unrecht. Wir wollen es gleich sagen:
Die drei gingen aus dieser Welt, weil die Henker schon
unterwegs waren, um sie auseinanderzureißen, auf daß

Kleppers Frau und Tochter ihr Leben in der Gaskammer eines deutschen Konzentrationslagers aushauchen sollten. Jochen Klepper hatte alles versucht, um das drohende Unheil von den Seinen zu wenden; bis in das Büro des gefürchteten Sturmbannführers Adolf Eichmann hatte er sich vorgewagt . . . Jochen Klepper hat die Seinen in dieser Welt nicht mehr schützen können. Er wußte um die tiefe und bleibende Verantwortung eines Ehemannes und Hausvaters.

Sicherlich Schuld – im Selbstmord, im Dahineilen! Sicherlich Schuld – weil sie das irdische Haus vorzeitig verlassen haben. Sicher ist aber auch, daß die Henker für die zwei aus dem weihnachtlichen Haus schon bereit standen. Sollten wir da nicht lieber schweigen und das tun, was sie im Dahineilen taten: Sie beteten – und sicherlich auch die fünfte Bitte des Vaterunser.

Rudolf Wentorf

Nicht nur der Schatten der äußeren und inneren Not lag über seinem Leben, sondern auch das Wissen um Sünde. So sah er seine dichterische Existenz, so sein Tun und Lassen. In dem allen lebte er in Angst vor der einzigen unvergebbaren Sünde, derjenigen wider den Heiligen Geist. Schon früh bestand er darauf: Selbstmord ist gewiß Sünde, aber nicht Sünde gegen den Heiligen Geist. Er hat sich durchgequält zu dem Satz: »Daß ich ihn leidend lobe, das ist's, was er begehrt« – und leidendes Loben ist für ihn immer nahe verwandt dem sündigen Loben. Wohl hat er mit Luther erkannt: »Gott reißt das Übel nicht von der Person, sondern die Person vom Übel«, das heißt, Gott rettet nicht unbedingt und immer vom Leid, aber er läßt den Menschen nicht in der Gewalt des Bösen. Der Schatten war für Klepper nicht nur der Ort der Finsternis, sondern auch der Schutz, da ihn Gott »unter dem Schatten seiner Flügel« bewahrte. Und das gilt auch für die Schuld:

Hier harrt er, daß er dich befreit.
Welch Schuld ihm auch entgegenschreit,
er hat sie aufgehoben.
Nicht klagen sollst du: loben!

Werner Braselmann

»Gott ist größer als unser Herz« (1. Joh. 3, 20), schreibt Klepper zwei Tage vor dem Selbstmord ins Tagebuch, und: »Das Wort soll uns noch in den Tod begleiten« ... Heinrich von Kleist stellte über seinen Weggang aus der Welt den bitteren Satz: »Die Wahrheit ist, daß mir auf Erden nicht zu helfen war.« Man kann dieses Wort, liest man es in Beziehung auf Jochen Klepper, auch als theologische Aussage verstehen: als Zeugnis des Vertrauens auf den, der mit seinem »letzten Wort« alles »Vor-Letzte« außer Kraft setzt, als Zeugnis eines Vertrauens, das im Zerbrechen des Vor-Letzten schon den Vorschein des Letzten, den Advent des lebendigen Herrn wahrnimmt. Heinz Grosch

Jochen Klepper als Anfrage

Bei der Beschäftigung mit Jochen Kleppers Leben und der Zeitgeschichte, in der es sich abspielt und die es auf mannigfache Weise prägt, stoßen wir auf einige Fragen und Probleme, die einerseits unaustauschbar zu diesem Leben gehören, andererseits aber zugleich von grundsätzlicher Bedeutung sind. Spannungen und Widersprüche durchziehen Kleppers Leben – oder sind es, im Licht jener Zeit und dieses unverwechselbaren Lebens, doch gewachsene, »stimmige« Handlungsweisen? –: der Mann einer jüdischen Frau rechnet es sich zur Ehre an, Soldat des nationalsozialistischen Staates zu sein – der wache Beobachter der stetig wachsenden Einkreisung der jüdischen Menschen in Deutschland denkt nicht daran, legal oder illegal auszuwandern, auch nicht zu einer Zeit, als es noch möglich ist – der überzeugte Christ und Dichter gottesdienstlicher Lieder begeht Selbstmord! Zwei dieser brennenden Fragen seien hier aufgegriffen und angedacht.

Wie stehen Christen zum Freitod?

Der Selbstmord nimmt in der Gegenwart an Häufigkeit und Öffentlichkeit (Selbstverbrennungen als Protest gegen bestimmte Mißstände in Gesellschaft und Umwelt) zu. Die Weltgesundheitsorganisation veranschlagt etwa 500 000 Selbstmorde pro Jahr. Dazu kommen die noch zahlreicheren Selbstmordversuche. Die

Motive sind, abgesehen von schweren psychischen Krankheiten, ganz verschiedener Art:

Enttäuschung und Lebensüberdruß, Vereinsamung und Daseinsleere, Angst vor Krankheit und der Entdeckung einer Schuld oder Fehlleistung, Rache an einem bestimmten Menschen oder an der Umwelt, Liebeskummer, die verzweifelte Sehnsucht, auf sich und seine Not aufmerksam zu machen oder eben auf ein schreiendes Unrecht, das die Öffentlichkeit angeht – etwa nach dem Zweizeiler »selbstmord« von Dieter Fringeli:

ich hänge mich
an die große glocke.

Wahrscheinlich kommt fast jeder Mensch, auch der »seelisch Gesunde« und im Leben Bewahrte, irgendwann einmal auf Selbstmordgedanken, zumindest in geheimen Träumen. Mit dem Gedanken zu spielen »Ich könnte ja . . .« oder sich vorzustellen, »was wäre, wenn . . .«, ist bei gravierenden Enttäuschungen und Verbitterungen eine menschlich verständliche Reaktion, die einen Augenblick lang sogar trösten kann. Dieser Gedanke, »ich könnte ja . . .«, kann, so widersprüchlich es auch scheinen mag, Mut und Energie zum Weitermachen auslösen, wie es der folgende Text* auszudrücken versucht:

---

* Von Detlev Block. Aus der Anthologie »Komm, süßer Tod. Thema Freitod: Antworten zeitgenössischer Autoren«. Herausgegeben von Inge Meidinger-Geise. Verlag F. H. Kerle Freiburg und Heidelberg 1982.

Sichtweise

Daß einmal
alles aus sein wird –
Augenblicke gibt es,
da tut es wohl.

Vor dem Zeitpunkt
aussteigen zu können –
sich mit diesem Gedanken
insgeheim zu rüsten,

mobilisiert
unbändige Kräfte,
es noch einmal
mit dem Leben zu wagen.

Vielleicht ist unsere Zeit des äußeren Wohlstandes und Überflusses und zugleich der inneren Sinnentleerung und Orientierungslosigkeit in besonderer Weise dazu angetan, gefährdete Menschen an den Rand des Suizids zu bringen. Plötzlich schrecken wir auf, wenn Menschen, die alles zu haben scheinen, was des Menschen Herz begehrt: Reichtum, Berühmtheit, Schönheit und Freunde, sich das Leben nehmen. Im geistigen Umbruch unseres zu Ende gehenden Jahrhunderts versinken Traditionen und Ordnungen, stürmen von allen Seiten Weg- und Ziellosigkeiten auf uns ein, die neue Ängste hervorrufen. Hermann Hesse schreibt: »Wir leben alle heute in Verzweiflung, alle wachen Menschen, und sind damit zwischen Gott und das Nichts gestellt, zwischen ihnen atmen wir aus und ein, schwingen und pendeln wir. Wir hätten jeden Tag Lust, das Leben hinzuwerfen, und werden doch von dem gehalten, was in uns überpersönlich und überzeitlich ist.«

Bedrohung durch äußeres Schicksal – wie im Falle Kleppers – oder durch Tiefenangst, Abbruch der mitmenschlichen Kontakte, Zusammenbruch der Wertwelt und schließlich nicht entladene Aggression gegen die Umwelt, die in Haß gegen das eigene Ich umschlagen kann, kennzeichnen das Vorfeld des Freitodes. Oft ziehen Selbstmörder ihren Freitod vorher lange und wiederholt in Erwägung. Belege dafür gibt es auch in Kleppers Tagebüchern.

Nun besteht kein Zweifel darüber, daß Jochen Kleppers Flucht in den Tod einzig und allein durch die unmittelbar drohende Lebensgefahr für seine Frau und Tochter motiviert ist und nicht durch Depressionen, an denen er zwischenzeitlich auch litt, oder durch eine zeit- und wesensgeprägte Lebensmüdigkeit. Sein Glaube, das zeigen seine Biographie und seine Tagebuchaufzeichnungen klar und unmißverständlich, hat ihm auch in schwerster Zeit Tragkraft und Orientierung gegeben. Unabhängig von der konkreten Motivation seines »Freitodes«, der angesichts der bedrängenden Geschehnisse und Kleppers christlich-verantwortlicher Ehe- und Familienauffassung nur »Zwangstod« heißen kann, hat sich Jochen Klepper lange Jahre vorher grundsätzlich mit dem Problem des Selbstmords befaßt.

Seine Gedanken zum Selbstmord sind von zwei ganz entgegengesetzten Stellungnahmen geprägt. Die eine äußert Klepper auf einem Flugblatt des Evangelischen Presseverbandes im Blick auf die in jener Zeit durch wirtschaftliche Nöte veranlaßten Selbstmorde: »An

dem Wort ›Selbstmord‹ wird die ganze Grauenhaftig-
keit des Mordes so recht klar. Es enthüllt sich, was im
Selbstmord umschlossen liegt an Schuldigsprechen, an
Vorwurf, an Rache, Zerrissenheit, in der der Mensch
sich selbst auflauert, an Überfall, an Raub des Rechtes
über gottgeschaffenes Leben. Aber ein Zug am Selbstmörder ergreift uns in unserem ganzen Wesen. Das
Bekenntnis menschlicher Schuld. Denn käme der
Mensch unschuldig in die Angst seines Lebens, er hielte
aus und ertrüge. Jedoch, was ist das für ein großer Stolz
des Menschen, daß er aburteilen und richten will und
die Vergebung nicht sieht? Glaubt wieder an Vergebung, und der Selbstmord wird ein Ende haben! . . .
Möchte doch einer, der sich mit Mord- und Selbstmordgedanken trägt, in den Stunden vor seiner Tat
irgendwo in Wort und Schrift dem ›Vaterunser‹ begeg-
nen, und er würde sehen, daß Gott noch unzählige
Wege hat, wo der Mensch keinen Ausweg mehr sieht.
Er würde sehen, daß alles noch möglich ist, solange er
dem Willen Gottes stillhält, daß aber nichts mehr
geschehen kann, wenn das Leben geraubt ist.«

Die andere Stellungnahme Kleppers zum Freitod
findet sich schon früh (am 23. Juni 1933) in seinen
Tagebüchern, sie gewinnt für ihn mehr und mehr das
Übergewicht: »Meine Einstellung zum Selbstmord hat
sich sehr rasch geändert. Alles ist dem Menschen
erlaubt, alles Gute, alles Schlechte, weil die Rechnung
zwischen Gott und dem Gläubigen beglichen ist. Wie
konnte ich den Selbstmord ausnehmen? Mit welchem
Recht zog ich eine Grenze? Mit welchem Recht sagte
ich von dieser Schuld, sie könne nicht vergeben werden? Heißt es: ›Alle Sünde und Lästerung wird den

Menschen vergeben; aber die Lästerung wider den Geist wird den Menschen nicht vergeben, und die Sünde, daß er sich tötet, und die Sünde, daß er seine Frau zu sehr liebt, und die Sünde, daß er müde wird, auch nicht?‹ Es heißt: ›Alle Sünde und Lästerung wird den Menschen vergeben; aber die Lästerung wider den Geist wird den Menschen nicht vergeben‹ . . . Als ich zu schreiben begann, drehte sich mir alles nur um die Sünde gegen den Heiligen Geist. Dort suchte ich den Sinn der Geschichte, dort die Lösung des Rätsels um das Judentum. Dort allein erschauerte ich. Nicht vor dem Selbstmord. Nicht vor der zu großen Liebe zu meinem letzten Menschen. Nicht vor der Schwäche, doch einmal müde zu werden. Ich bin noch nicht müde. Aber ich glaube, daß der Selbstmord unter die Vergebung fällt wie alle andere Sünde.«

Die Gesichtspunkte beider Stellungnahmen Kleppers werden auch heute die christliche Diskussion bestimmen.

Karl Pagel berichtet in seinem persönlichen Geleitwort zu dem von ihm aus Kleppers Nachlaß herausgegebenen fragmentarischen Buch »Die Flucht der Katharina von Bora« über ein Gespräch mit Jochen Klepper im Jahre 1942:

»Einige Monate vorher hatten wir auf einem Spaziergang um den Schlachtensee ein Gespräch geführt über die Möglichkeit und den Nutzen des Freitodes, über den Sinn eines Protesttodes. Es geschah im Zusammenhang mit dem Freitod eines bekannten Schauspielers. Wir waren uns damals bald darüber einig, daß, mitten im Kriege zumal, die Zeit für eine solche Demonstration verstrichen sei. Kaum bedarf es eines Wortes, daß auch die christliche Grundhaltung, die Kleppers Persönlichkeit ebenso bestimmte wie das vorfriderizianische Preußentum, den Gedanken an einen eigenen Freitod ausschloß, der in diesem Gespräch expressis verbis abgelehnt wurde. Wir fügen das an, um darzutun, welchen Nöten und Nötigungen, welchen Qualen Klepper sich ausgesetzt sah, wenn er dennoch den Weg in den Tod als den einzigen Ausweg aus der Not ansah.

– ›ach, auch das steht bei Gott . . .‹«

Auch zu diesem Thema ist das Wort von Augustinus eine diskutable Orientierungsformel: »Wir sollen die Sünde hassen, aber den Sünder lieben.« Abgewandelt hieße das: Christen lehnen den Selbstmord ab, aber sie verurteilen nicht den Selbstmörder.

Der katholische Theologe und Publizist Walter Dirks geht noch darüber hinaus, wenn er in einer »moraltheologischen Überlegung« schreibt:

»Ich möchte mir gern einen Gott vorstellen, der dem Menschen, als er ihm das Leben anvertraute, auch die Möglichkeit anvertraut hat, dieses Leben zu beenden. Ist dieser Gott nicht größer und glaubwürdiger als der Gesetzgeber, der ein absolutes Verbot ausspricht? Und ist der Mensch, der sich zu seiner Verantwortung auch für das Ende seines Lebens bekennt, nicht größer als der, der sich, so unbeherrschbar auch die Umstände seines Lebens sein mögen, jenem absoluten Spruch fraglos beugt? . . . Wäre das Christentum weniger fromm im Sinn der heidnischen Religiosität geworden und frömmer in der Nachfolge Jesu Christi, so wäre es nicht auf den Gedanken gekommen, dem verzweifelten Selbstmörder und dem, der keinen Sinn mehr in seinem Leben finden konnte, das christliche Begräbnis (und damit das der anständigen Leute) zu verweigern. Der Christ hat Grund, sein Antlitz zu verhüllen und ein Kreuz zu schlagen: nicht vor dem Frevel, sondern ob seiner eigenen Selbstsicherheit.«

Allerdings weiß auch Walter Dirks um die Grenze: einen Selbstmord zu »erlauben«, ihn vorher zu rechtfertigen, so weit trägt die Argumentation nicht. Der potentielle Selbstmörder, dem wir von vornherein keinen Erlaubnisschein geben können, der vielmehr unserer Teilnahme, unserer Hilfe bedarf, ist mit sich, seinem Schicksal und mit Gott letztlich doch allein. »In dieser Konstellation kann er möglicherweise verantworten, was er tun will. Jener Gott wird gnädiger sein als wir Menschen – aber damit ist kein Freibrief ausgestellt.«

Reinhold Schneider und Siegbert Stehmann haben mit ihrem Nachruf auf Jochen Klepper (in diesem Buch gegen Ende des Kapitels »Jochen Kleppers Weg und Werk« wiedergegeben) diesem Denken auf bewegende Weise entsprochen und damit in einer Zeit, die für solche Erkenntnisse und Wertungen noch weithin unreif war, gültige Maßstäbe gesetzt.

Jochen Klepper selber hat sein notvolles Ende und das der Seinen mit dem Geheimnis des Glaubens beantwortet, so wie es sich auch im Blick auf den dreifachen Selbstmord in der letzten Strophe seines Trostliedes am Abend ausdrückt:

In jeder Nacht, die mich umfängt,
darf ich in deine Arme fallen,
und du, der nichts als Liebe denkt,
wachst über mir, wachst über allen.

Du birgst mich in der Finsternis.
Dein Wort ist noch im Tod gewiß.

Seit Kleppers Sterben »unter dem Bild des segnenden Christus« hat die Kirche über das damit gegebene Problem neu nachdenken und dabei sehr viel lernen müssen. Noch wichtiger als solches Nachdenken und Neubewerten ist der umweltverändernde und menschenbegleitende Einsatz, der Selbstmordgedanken, wo es irgend geht, nicht zur letzten Konsequenz kommen läßt. Wo es zu dieser letzten Konsequenz trotzdem kommt, werden wir sie aus der Freiheit des Glaubens zu respektieren haben. In einer Zeit, in der eine offene und öffentliche Diskussion über die Handhabung des § 218 auf der Tagesordnung steht und in der wir es gewohnt sind, Pro- und Contra-Argumente zum Thema passive und aktive Sterbehilfe miteinander abzuwägen, sollte die Frage nach dem Selbstmord vorurteilslos und ohne Angst auch von Christen bedacht werden.

Hemmt oder aktiviert der christliche Glaube die gesellschaftliche und politische Mündigkeit?

Diese Frage ist zugespitzt formuliert. Es kommt natürlich darauf an, welches Verständnis vom christlichen Glauben wir haben.

Zeiten gab es – sind sie wirklich vergangen? –, da meinte man, die Kirche und die Christen sollten sich nur mit Gottesdienst und Andacht, Seelsorge und Diakonie befassen, aber sich nicht in die Politik einmischen, das sei Sache der »Obrigkeit« und der Politiker.

Inzwischen gehört es zur Tagesordnung, daß sowohl die offizielle Kirche als auch engagierte Frauen, Männer und Jugendliche der Gemeinden das gesellschaftliche und politische Geschehen kritisch mitbegleiten und mitgestalten. Denkschriften, Verlautbarungen zu aktuellen Themen (Umweltschutz, Gentechnologie, Schutz des ungeborenen Lebens, Dritte Welt- und Friedensfragen, Ausländer in Deutschland u. v. a.) bis hin zu praktischen Aktionen und Modellen werden von der Kirche und den Christen geradezu erwartet. Akademien und Kirchentage sammeln auch und gerade zu gesellschaftlichen und politischen Themen viele Menschen der jungen und mittleren Generation. Die Präsenz der Kirche in Presse, Funk und Fernsehen rundet diesen Bereich ab, ganz abgesehen davon, daß viele engagierte Christen in den demokratischen Parteien zum Wohl der Politik mitwirken. Wie sehr Kirche dazu beitragen kann, das politische Leben eines Landes positiv-kritisch und erneuernd mitzugestalten, zeigt die öffentliche Szene vor und nach der Wende in der ehemaligen DDR beispielhaft. Die Kirche war dabei, sie stellte sich nicht auf die Seite der Mächtigen, sondern war ein Garant für Freiheit und Gerechtigkeit des unterdrückten Volkes. Hinter all diesen Vorgängen steht der befreiende Glaube an die »mündige Welt« der Kinder Gottes und das Erkennen des Auftrages, daß Politik Dienst am anvertrauten Leben ist. Wie sollte sich die Kirche mit ihrem Evangelium hier nicht »einmischen«? Einmischen nicht im Sinne von Parteipolitik – auch die Kirche kann dem einzelnen nicht seine Entscheidung abnehmen, und sie muß Freiraum haben und geben für viele unterschiedlich engagierte Menschen –, aber im Sinne von Parteinahme für den Benachteiligten, Bedrängten, Ausweglosen, also im Sinne von Gerechtigkeit und Menschlichkeit.

Auch wenn Jochen Klepper nicht in vergleichbarer Weise wie Dietrich Bonhoeffer die »mündige Welt« vor seinem theologischen Auge hat, die den Kampf um Gleichberechtigung und freie Entfaltung aller Menschen aufnimmt, so weiß er doch von seinem Bibelverständnis her um den Auftrag der Kirche mitten in dieser Welt. »Ich kann nur darunter leiden, daß die Kirche die gegenwärtigen Vorgänge duldet«, schreibt er bereits am 30. März 1933 zu den öffentlichen Benachteiligungen und Herabwürdigungen der Juden durch das NS-Regime in sein Tagebuch.

Rita Thalmann ist in ihrem wichtigen Klepperbuch mit dem bezeichnenden Untertitel: »Ein Leben zwischen Idyllen und Katastrophen« dieser Problematik zum ersten Mal am Beispiel Jochen Kleppers genauer nachgegangen. Sie zitiert im Vorwort Dieter Lattmann: »Er (Klepper) war wie die Mehrheit dieser Schicht politisch zu arglos, innerlich zu wenig vorbereitet und im Grunde seines Wesens dem Staat gegenüber zu gehorsam, als daß er hätte gänzlich sehen und begreifen können, was um ihn vorging.« Das Buch weist nach, daß diese These etwas Richtiges wiedergibt, und deckt die Wurzeln der Klepperschen Einstellung auf, die typisch ist für die meisten Deutschen seiner Kreise: eine mehr oder weniger nach innen gewandte Frömmigkeit und die überkommene Anschauung, staatliche Ordnungen seien grundsätzlich gottgewollt und ihre Unternehmungen so etwas wie göttliche Fügungen.

Dieses Denken gründet sich theologisch auf die gerade in der lutherischen Kirche wichtig gewordene Paulusstelle im Römerbrief, Kapitel 13, wo es heißt: »Jedermann sei untertan der Obrigkeit, die Gewalt über ihn hat. Denn es ist keine Obrigkeit außer von Gott; wo aber Obrigkeit ist, die ist von Gott angeordnet. Wer sich nun der Obrigkeit widersetzt, der widerstrebt der Anordnung Gottes; die ihr aber widerstreben, ziehen sich selbst das Urteil zu.« Wer den näheren Zusammenhang im Römerbrief nachprüft, merkt bald, daß Paulus hier die staatliche Obrigkeit als »Dienerin Gottes« im Auge hat und nur diesem Staat Bedeutung und Würde zuspricht. Der Staat, der mit zu der »vergehenden Gestalt dieser Welt« (1. Kor. 7, 31) gehört, hat von Gott eben in der Vorläufigkeit dieses Äons die Aufgabe, für Recht und Ordnung zu sorgen. Aber Paulus weiß als Apostel des Herrn, der von der jüdischen Obrigkeit und vom Vertreter des römischen Staates schuldlos zum Tode verurteilt ist, auch sehr genau etwas von den gottfeindlichen Möglichkeiten des Staates; im selben Brief schreibt er im 8. Kapitel von Verfolgung, Gefahr und Schwert, von widrigen Mächten und Gewalten, die er mehr als einmal am eigenen Leibe erfahren hat (siehe auch die Berichte der Apostelgeschichte). Das Neue Testament kennt durchaus nicht nur den »Rechtsstaat«, der seine Autorität von Gott hat, sondern auch den Staat als dämonische, widergöttliche Macht, die die Gemeinde Gottes verfolgt. Klassisches Schulbeispiel dafür ist das 13. Kapitel der Offenbarung.

Trotzdem: in der lutherischen Theologie und der von ihr geprägten Haltung dem Staat gegenüber gibt es eine möglichst weitgehende Loyalität in Sachen Gesellschaft und Politik. Die Gehorsamspflicht der Bürger ist weithin als Gebot Gottes qualifiziert. Bis zum Erweis der Widergöttlichkeit des Staates können Geduld und Einordnung fast bis zum äußersten strapaziert werden. Hier treffen sich – merkwürdigerweise – protestantische und preußische »Tugenden«, die auch Jochen Kleppers Denken und Entscheiden geprägt haben. Während Martin Luther im Bereich des Glaubens freiheitlich-»revolutionär« ungeheure Veränderungen bewirkt hat, bleibt er im Verhältnis zu Staat und Politik eher konservativ. Vielleicht auch deshalb, weil das Werk der Reformation nur unter dem Schutz durch die evangelischen Landesfürsten vorangetrieben werden konnte und so sich schon früh eine Verbindung von Thron und Altar ergab, so problematisch sie sich später auch ausgewirkt hat. Luthers Lehre von den zwei Reichen (im einen Reich regiert Gott seine Gemeinde durch das Wort, im anderen regiert er die Welt mit dem Ordnungsschwert) hat zumindest zeitweise zur Folge gehabt, daß das Schwert durch das Wort mehr gerechtfertigt als kritisch zurechtgewiesen worden ist.

Gewiß weiß Jochen Klepper mit dem Neuen Testament und mit dem Reformator, dessen Theologie er weithin zu der seinen macht, etwas vom dämonischen Mißbrauch der Macht, dem man als Christ mutig entgegenzutreten hat, und gewiß erfährt er ihn am Ende seines Lebens selber mit erkennendem Entsetzen – aber im Ansatz seiner Anschauung steckt eine beherrschende Autoritätsgläubigkeit, die die politische Mündigkeit eher hemmt als aktiviert. Sie wird zusätzlich genährt durch seine deutschnationale Liebe zum

Preußentum und, biographisch begründet, durch seine Liebe zum Bild des »Vaters«. Im Roman »Der Vater« heißt es: »Könige, Majestät, Könige im Glauben, sind wandelnde Gleichnisse unter den Menschen, sind Hüter der heiligen Ordnung Gottes, für die er sich in seinem Sohne hingab; Haushalter seiner Geheimnisse sind die Könige der Erde – auch dort, wo sie morden.« Eine politische Opposition nennt Klepper gelegentlich »eine höchst trügerische und windige Angelegenheit, für die Entwicklung des Staates ohne alle Bedeutung«.

Zur verfaßten Kirche hat er ein gebrochenes Verhältnis, obwohl er Lieder für die Gemeinde schreibt und mehrere Pfarrer zu Freunden hat, aber auch zur Bekennenden Kirche, die sich unter seinen Augen in Abkehr von den »Deutschen Christen« formiert, findet er, wiederum ganz anders als Dietrich Bonhoeffer, keine Verbindung, so mißtrauisch ist er gegen »alles zersplitternde Taktieren«.

Er sucht und nennt »Berührungspunkte mit dem Nationalsozialismus« und kommt zu dem Ergebnis: »Es gibt heute nichts, was man an die Stelle des NS setzen könnte. An dieser Erkenntnis kommt keiner vorbei« (22. März 1934). Und anläßlich des Aufnahmegesuches bei der Reichsschrifttumskammer notiert Klepper: »Als ich für die Reichsschrifttumskammer den Revers unterschrieb, war es keine Phrase. Das Volk, dessen Sprache ich schreibe, gehört auf ›Gedeih und Verderb‹, wie man immer sagt, in mein Leben und in mein Wesen. Auch wenn es in großer Geschlossenheit Wege geht, die für einen selbst nicht beschreitbar sind.« Hier sprechen Anpassung und Zugeständnis. So und ähnlich haben in der Tat seinerzeit viele Menschen gedacht.

Als Klepper Soldat wird, trägt er in sein Tagebuch am 17. Oktober 1940 ein: »Hanni fällt es doch schwerer, als ich dachte, daß ich Soldat werde. Aber sie versteht es vollkommen, daß ich trotz meiner mangelhaften Eignung und trotz alles Negativen, das wir wissen, Soldat sein will . . . Dies muß der Mann erfahren haben. Und nicht den Krieg als Zivilist verbringen.« Seine Entlassung aus dem Heer wegen »Wehrunwürdigkeit« (Ehe mit einer jüdischen Frau), nimmt er nicht nur wegen dieser Begründung schwer. Trostpflaster für ihn sind beim Abschied von der Front Äußerungen, wie sie sein Major ihm gegenüber macht: »Wer den Vater geschrieben hat, hat einen solchen Anteil an der Heranbildung des Soldatentums, daß er, erst einmal Soldat, auch Offizier werden müßte« (Überwindung 217).

Dieses Volk- und Vaterlandideal ist auch der Grund, warum Jochen Klepper nicht im Traum daran denkt, angesichts der drohenden Gefahren für die Juden mit den Seinen Deutschland zu verlassen. Er will alles in allem ein guter Christ und ein guter Deutscher sein. Darin ähnelt er ungezählten anderen Zeitgenossen, die in vergleichbarer Situation sind wie er. Das heißt: Jochen Klepper ist kein »Held« und »Widerstandskämpfer«, er ist ein stiller, duldsamer »Märtyrer« ganz unpolitischer Art. Hellsichtig notiert er am 19./20. August 1933: »Wenn ein unpolitischer Mensch in ein politisches Zeitalter gerät, ist es fast, als ob er unter die Räder kommt.« Das macht sein menschliches, christliches und literarisches Vermächtnis nicht kleiner. Es zeigt uns aber sein Leben und Wirken mit seinem furchtbaren Ende in einem anderen Licht. In einem Licht, das uns Jochen Klepper in seiner menschlichen und zeitgeschichtlichen Situation sehr nahebringt, näher als wenn er als »Widerstands-Held« auf den Sockel gehoben würde. Dieses Licht gibt sich aber nicht mit der Beleuchtung einer historischen Szene zufrieden, es blendet sich ein in unsere eigene Gegenwart und wendet die Frage an uns: Unser Verständnis vom christlichen Glauben – hemmt oder aktiviert es die gesellschaftliche und politische Mündigkeit? So wird aus einer zeitfernen Verehrung des Christen und Dichters Jochen Klepper eine lebendige und fruchtbare Auseinandersetzung mit seinem Leben und Werk.

Rita Thalmann schreibt in ihrer verdienstvollen Klepper-Biographie am Schluß, gleichsam als Resumee:

»Mancher hat sich bemüßigt gefühlt, nachträglich von Kleppers Selbstmord als von Sünde zu sprechen. Sünde – die verzweifelte Kapitulation von drei wehrlosen Menschen?«

So weit, so gut: keine Verurteilung! Auch wenn Klepper selbst tiefer gewußt und geglaubt hat: Schuld ja, aber von Gott vergebbar.

Rita Thalmann fährt fort, indem sie etwas ganz anderes attackiert: »Sünde war und ist das Eintrichtern – von Jugend auf – einer Ideologie der ›gottgewollten Bindungen‹, die den Geist seiner Urteilskraft beraubt. Sünde war und ist eine Lehre, die durch blindes Vertrauen auf Gottes Fügung und Führung den Menschen in resignierte Duldsamkeit drängt, ihm den Weg zur verantwortungsvollen Tat versperrt.«

Ja und nein dazu. Das Eintrichtern einer Ideologie, die den Geist seiner Urteilskraft beraubt, eine Lehre, die den Menschen in resignierte Duldsamkeit drängt, ihm den Weg zur verantwortungsvollen Tat versperrt – das *ist* Sünde des Menschen am Menschen, der Erziehung an der Erziehung, der Gesellschaft an der Gesellschaft. Leider wahr, daß es auch eine diesbezügliche Sündenfallgeschichte der Kirche und der Christen und damit Mißbrauch der Religion zu ideologischen Zwängen gibt. Das bleibt unbestritten. Aber das eigentliche Wesen des christlichen Glaubens, der aus dem Wort Gottes lebt, kann nicht mit diesen Negativ-Begriffen »geraubte Urteilskraft«, »resignierte Duldsamkeit«, »blindes Vertrauen« und »Versperrung der verantwortungsvollen Tat« umschrieben werden, ebensowenig wie man mit diesen Stichworten dem Glauben des Jochen Klepper gerecht werden kann. Glaube, die freie und lebendige Beziehung des Menschen zu Gott, gewinnt gerade bei Jochen Klepper tiefe existentielle Bedeutung nicht für das Bewahren und »Zementieren« der Spannungen und Ausweglosigkeiten, sondern für das Aushalten *in* ihnen. Er *macht* nicht resigniert, er läßt die Resignation immer wieder überwinden oder in Geduld aushalten. Christliche Geduld ist nicht ängstliche, untätige Duldsamkeit, sondern tapferes, aktives »Darunterbleiben« unter dem Geschick. Gerade der Glaube ist es, der Jochen Klepper zu Urteilskraft und Hellsichtigkeit befähigt, bis in zeitgeschichtliche Vorgänge hinein. Der Glaube ruft bei Jochen Klepper nicht die Spannungen und Widersprüche seines Lebens hervor, sie kommen aus den genannten anderen Quellen, er macht sie im Dennoch lebbar. Es gibt im menschlichen Leben und auch in der christlichen Existenz nicht nur das verantwortliche Handeln, es gibt auch das verantwortliche Geschehenlassen. Jedes hat seine Zeit. Beides enthält auch wohl die dritte Vaterunserbitte: »Dein Wille geschehe!« – aktiv, indem wir ihn tun, passiv, indem wir ihn geschehen lassen.

Hierher gehört ein Bekenntnis von Dietrich Bonhoeffer.

Im Gefängnis, wo ihm jedes aktive Handeln versagt war, hat er es so formuliert: »Nicht nur die Tat, sondern auch das Leiden ist ein Weg zur Freiheit. Die Befreiung liegt im Leiden darin, daß man seine Sache ganz aus den eigenen Händen geben und in die Hände Gottes legen darf.«

Neben allem mündigen Erkennen und vernünftigen Begreifen, das wir erstreben, wird es auch ein Vertrauen geben dürfen, das nicht mit unseren Augen sieht und doch vertraut. Der Auferstandene sagt: Selig sind, die nicht sehen und doch glauben! Jochen Klepper hat diesen Zuspruch gelebt.

Kyrie – Lieder aus Gottes Wort

Die geistlichen Lieder Jochen Kleppers sind neben den Romanen »Der Kahn der fröhlichen Leute« und »Der Vater« sein Hauptwerk. Sie sind gesammelt in dem weitverbreiteten Band »Kyrie«, der inzwischen in der 19. Auflage vorliegt. Eine Reihe der beliebtesten Gedichte hat eine Vertonung gefunden und ist in die Gesangbücher, Liedersammlungen und Beihefte der Kirche aufgenommen. Dieser Tatsache verdankt der Name des Dichters den größten Teil seiner bis heute gebliebenen Bekanntheit. Für die christliche Gemeinde ist es wichtig zu erfahren, aus welchen Gegebenheiten heraus die Kyrie-Gedichte erwachsen sind und wie der Autor seine Arbeit am Kirchenliedtext verstanden hat. Es besteht kein Zweifel darüber, daß Jochen Klepper die Kirchenlieder aus existentieller Notwendigkeit heraus geschrieben und an dieser Arbeit die tiefste seelische Befriedigung empfunden hat.

Sie läßt ihn jahrelang nicht mehr los.

Beinahe peinigend ist das Bedürfnis, wenn auch aufs einfachste, unkünstlerischste, klavierspielen zu dürfen – als sei das meine einzig mögliche Entspannung, mein Ausgleich, meine Erholung; als brauchte ich den Klang der alten Kirchenmusik, um endlich die Texte meiner Kirchenlieder fürs ganze Kirchenjahr schreiben zu können. Denn in Bach bin ich geborgen und gegründet wie in Luther; daran ist gar kein Zweifel. 26. April 1937

Ich schrieb ein neues Kirchenlied, wie oft, »wenn mir um Trost sehr bange ist«. 12. November 1937

Jochen Kleppers bekanntestes Buch

Nach neuen Kirchenliedern ist immer wieder der
Friede, der im Herzen herrscht, auch in den Sinnen und
Nerven. 5. Juni 1938
Große Sehnsucht, Kirchenlieder zu schreiben; und
kein Tag läßt es mehr zu. 23. Januar 1939

Kleppers Gedichte sind Lieder aus Gottes Wort.
Mehr und mehr nehmen sie biblische Worte und
Wendungen auf, wiederholen oder meditieren sie auf
umschreibende Weise. Ganz bewußt werden den Liedern bestimmte Abschnitte aus der Bibel vorangestellt,
an die angeknüpft wird, die dichterisch ausgelegt werden. Alles Wesentliche ist im Evangelium bereits gesagt, es gilt nur, im Vertrauen auf die unaufhörlich
strahlenden Bilder und Gleichnisse der Schrift sich
ihnen gehorsam auszusetzen, um sie dann noch einmal
in möglichster Schlichtheit auszusagen, sich selbst und
der Gemeinde in Vers und Reim zuzusprechen. Darin
besteht die Größe und Bedeutung der Klepperschen
Lieder in ihren bestgelungenen Texten, darin liegt,
literarisch gesehen, auch ihre Grenze. Kleppers frühe-
rer theologischer Lehrer Rudolf Hermann macht in
einem Brief an den Dichter auf die Gefahr »theologischer Begriffe in Versen« aufmerksam und trifft damit
in der Tat auf die wunde Stelle mancher Gedichte von
Jochen Klepper. Aber das »reine Gedicht« und eine
»ästhetische« Existenz sind auf der anderen Seite für
Klepper etwas Unmögliches. Schreiben ist für ihn
wesentlich nicht ein künstlerischer, sondern ein religiöser Vorgang. In seinem Aufsatz »Das göttliche
Wort und der menschliche Lobgesang« stehen die
programmatischen Sätze:

Die Forderung der Nüchternheit bedingt, daß die dichterische Beschreibung oder gar Umschreibung zurücktritt hinter der Aussage der Heiligen Schrift selbst. Mit dem Sprachgut und Wortschatz der Bibel zu dichten, das ist die Zucht geworden, die eine Reihe von Dichtern auf sich genommen hat.

Bezeichnend für Kleppers Einstellung zur Literatur ist folgender Vorgang. Der Dichter Klabund, eigentlich Alfred Henschke, ein Vertreter romantischen Vagabundentums, der virtuos und ironisierend die Stile vieler Zeitalter in sein Werk aufnimmt, ohne dabei eine Mitte zu finden, stirbt 1928. Gottfried Benn, selber bedeutender Lyriker der Moderne, spricht den Nachruf. Jochen Klepper tragt dazu in sein Tagebuch ein:

Abends, nach der Arbeit, spielten sie mir auf Schallplatten die Trauerrede Gottfried Benns auf Klabund vor –: »Der Dichter trinkt sein eigenes Blut – nur daraus schafft er – der Dichter ist sein eigener Gott – die Dichter sind Tränen der Nation – dem Traume nach, immer dem Traume nach –!« Darüber werden wir uns nie verständigen, Hanni und ich einerseits, die Literaturleute andrerseits. Diese maßlose Überschätzung der Literatur. 22. September 1938

So zurückhaltend Klepper dem Literaturbetrieb gegenübersteht, so zurückhaltend beurteilt er auch die oft voreilige und oberflächliche Aktivität auf dem Gebiet des neuen Gemeindeliedes. Ein Kirchenlied ist nicht beliebig »machbar«. Schreiben ist ein Glaubensakt. Man muß warten können, bis die Stunde sich erfüllt und Gott redet.

Ich fürchte, daß in allen Gruppen der armen, zerris-
senen Kirche heute »das neue Lied« auf eine sehr
menschliche Weise arg forciert wird. Ich kann warten
und muß warten, weil Gott mir zu alledem noch
schweigt. Ich höre nur Menschen. Das Lied hat andere
Voraussetzungen, als die ahnen, die es von der Zeit
gefordert sehen: sehr harte Voraussetzungen. Leicht
läßt Gott uns nicht singen.   12. Juli 1939

Es ist kein literarischer Ehrgeiz, was Klepper dazu
bewegt, Kirchenlieder zu schreiben. Es ist ein inneres
Trostbedürfnis. Alle Gedichte schreibt Jochen Klepper
zunächst sich selbst zur Vergewisserung, allen äußeren
Bedrängnissen und inneren Zwiespälten zum Trotz.

Wenn ein Lied geschrieben ist, wird es sozusagen am
Verfasser selbst getestet: Hat es Trostkraft auch für
ihn? Ist es Bekenntnis aus Erfahrung?

Die dritte Nacht ohne Schlafmittel überstanden. Es
muß um des »Abendliedes« im »Kyrie« willen sein. –
Ich will es bis zum Äußersten versuchen.
        8. Oktober 1938

Die Trostbedürftigkeit in schwerer Zeit verschafft
Kleppers Liedern raschen Eingang in vielen Herzen
und Häusern.

Anklang und Echo sind vielfältig. Für Klepper ist das
die Erfüllung eines sehnlichen Wunsches – und zugleich ein unfaßliches Wunder.

Aus den Briefen zum »Kyrie« sehe ich – ob Laien oder
Theologen schreiben – so ergreifend deutlich: die Ge-
wißheit des Trostes, die brauchen sie am meisten. Und

die gibt die Schrift so überreich, daß man es sein Leben lang »exegisierend« nicht wird »ausdichten« können.

14. September 1939

Ein Pfarrer im Württembergischen schreibt, daß sein schwerkranker Vater das »Abendlied« oft Vers für Vers wiederholte und sich das »Kyrie« zu Bibel und Gesangbuch auf den Nachttisch legen ließ. Alles geht den ersehnten, erbetenen Weg. 5. Oktober 1938

Das für mich Unfaßliche ist geschehen; das »Kyrie« ist in die Häuser gedrungen. 9. Januar 1939

Ich stehe immer wieder staunend davor, daß es den Weg vom Schreibtisch zu den fernen Menschen gibt.

12. Dezember 1939

Auch die Jugend singt Jochen-Klepper-Lieder. Verschiedentlich kommt eine Jugendgruppe, um dem Dichter mit seinen Texten ein »Ständchen« zu bringen. In einer Zeit, in der Klepper aus Gründen seiner nichtarischen Ehe bewußt zurückgezogen lebt, sind solche Begegnungen von ergreifender Freude.

Es kam ein größerer Kreis sympathischer Jugend. Und nun erfuhr ich, daß auf die Frage, wer mein Leser sei, sich von den reichlich 100 Jungen 99 gemeldet hatten. Daß Studenten meine Leser sind, habe ich gewußt; nicht aber, daß ich sie unter den Vierzehn- bis Siebzehnjährigen habe. Ich erfuhr, daß in der evangelischen Jugend, seit das »Kyrie« nicht mehr gibt, meine Lieder zu vielen in Abschriften verbreitet werden.

12. April 1942

Darf es uns wundern, wenn sich am Ende auch in den Notizen zur Kirchenlied-Arbeit jene Müdigkeit und

Resignation widerspiegelt, die ihren Grund in der immer düsterer werdenden Biographie des Dichters hat? Die Macht der Finsternis bringt Gottes Lobsänger Jochen Klepper allmählich zum Schweigen. Aber gerade in diesem Schweigen steckt ein erschütterndes Bekenntnis, das seinesgleichen sucht.

Nun alle große Arbeit nicht mehr entstehen kann, werde ich wohl auch kein Gedicht, kein Kirchenlied mehr schreiben können; es geht von innen und von außen nicht mehr, obwohl die Liebe zu Gott sich nicht wandelt.   8. Dezember 1941

Sehen wir uns nach diesen Einblicken in die Motivationen des Dichters den Werdegang der Klepperschen Lieder und insbesondere des »Kyrie«-Bandes genauer an.

Im Herbst 1938 erscheinen auf Anregung von Kurt Ihlenfeld im Eckart-Verlag in ähnlicher Ausstattung wie Rudolf Alexander Schröders Gedichte »Lobgesang« unter dem Titel »Kyrie«* 16 Kirchenlieder von Jochen Klepper. Es ist ein schmaler, aber inhaltsreicher Band, der bei den Lesern ein ungewöhnlich lebhaftes Echo hervorruft. Von dem kleinen Liederbuch oder richtiger: Liedtextbuch ohne Noten, dessen Erscheinen Jochen Klepper als eine seiner größten beruflichen Freuden bezeichnet, sind innerhalb eines Jahres über 4000 Exemplare verkauft – für einen Lyrikband ein großer Erfolg. In der ersten Auflage des Büchleins »Kyrie«, das in dieser Auswahl später noch lange im Buchhandel der DDR zu haben ist, finden sich folgende 16 Lieder:

* zu deutsch: die Anrufung, Notschrei und Lobpreis zugleich: Herr!

Morgenlied (Er weckt mich alle Morgen), Mittagslied (Der Tag ist seiner Höhe nah), Abendlied (Ich
liege, Herr, in deiner Hut), Das Kirchenjahr (Du bist
als Stern uns aufgegangen), Weihnachtslied (Die Nacht
ist vorgedrungen), Weihnachtslied (Sieh nicht an, was
du selber bist), Abendmahlslied zu Weihnachten (Mein
Gott, dein hohes Fest des Lichtes), Weihnachts-Kyrie
(Du Kind, zu dieser heiligen Zeit), Gründonnerstags-
Kyrie (Heut bin ich meines Heilands Gast), Pfingstlied
(Komm, heilige Taube), Reformationslied (Singt Gott,
lobsinget seinem Namen!), Am letzten Sonntag des
Kirchenjahres (Mein Gott, ich will von hinnen gehen),
Silvesterlied (Ja, ich will euch tragen), Neujahrslied
(Der du die Zeit in Händen hast), Geburtstagslied
(Gott wohnt in einem Lichte), Der Herr ist nah (Die
Menschenjahre dieser Erde).

Fast jedes dieser Lieder findet seine Erwähnung in
Kleppers Tagebuch und läßt sich in seiner Entstehung
datieren. So wichtig und erfüllend ist für Jochen Klepper die Arbeit am Kirchenlied. Sie ist kein »Nebenpro-
dukt«, sondern zentrales Anliegen des Verfassers. Der
erste »Versuch eines Kirchenliedes« (Eintragung vom
18. 6. 1935) ist der Text »Das Kirchenjahr« (Du bist als
Stern uns aufgegangen). Hier wird die Botschaft des
Kirchenjahres in einer Art symbolischer Überschau
zusammengefaßt; Stern und Krippe, Kreuz und Taube,
Fels und Wolke, Brot und Wein sind die meditierten
Bilder und Begriffe, die den Inhalt des Glaubens
bergen. Kleppers Kirchenlied-Erstling hat eine gewisse
Verwandtschaft mit den fast zur gleichen Zeit entstan-
denen christlich-lyrischen Arbeiten des jungen Offi-
ziers und Dichters Siegbert Stehmann (Das Gleichnis –

Ein kleines Evangelium in Gedichten). Der Heilsweg ist durch Symbole gekennzeichnet, die zur Sprache des Glaubens werden. Das Abendmahlslied zu Weihnachten (Mein Gott, dein hohes Fest des Lichtes), am 28. 11. 1936 entstanden, trägt Klepper mit allen vier Strophen als Tagebuchaufzeichnung vom 29. 11. 1936 ein. Er spürt, daß ihm mit diesem Lied ein großer Wurf gelungen ist.

Das erste Kirchenlied Kleppers erscheint übrigens mit dem Abendmahlslied zu Weihnachten (Mein Gott, dein hohes Fest des Lichtes) und Der Herr ist nah (Die Menschenjahre dieser Erde) sowie mit acht anderen Gedichten 1937 im Vorabdruck in Form eines Flugblattes anläßlich des Festes der deutschen Kirchenmusik in Berlin, das unter dem Thema steht: »Neue Musik zu neuen Texten.« Zuerst ist Klepper deprimiert, daß keine Arbeiten von ihm zu diesem Anlaß vorgesehen sind. Er schreibt: »Hier, hier vor allem sind die, zu denen ich gehöre; und von ihnen werde ich am verletzendsten ausgeschaltet.« Aber in letzter Minute will man dann auch von Klepper »Geistliche Lieder und Gedichte« zu der kirchenmusikalischen Festwoche bringen und bringt sie unter dem Titel »Du bist als Stern uns aufgegangen« heraus. Für den Verfasser, der sich in der Kunst des Kirchenliedes übt, bedeutet diese Publikation im Kreis der Eigensten eine notwendige Ermutigung.

Das wohl bekannteste Lied von Jochen Klepper, sein Weihnachtslied »Die Nacht ist vorgedrungen«, das als Adventslied in das Evangelische Gesangbuch aufgenommen ist, entsteht am Nachmittag des 18. Dezember 1937: »Ich schrieb am Nachmittag ein zweites

Weihnachtslied: Die Nacht ist vorgedrungen . . . Das
schöne Adventsgeläut«. Überhaupt ist das Jahr 1937
für Klepper ein liederreiches Jahr.

Das schwerste, schönste und bedeutsamste Jahr mei-
nes Lebens durfte beschlossen sein im Gebet. – Gott hat
im alten Jahr »ein neues Lied« gegeben. Das muß nun
geglaubt sein.   31. Dezember 1937

Komponisten werden auf Kleppers geistliche Lieder
aufmerksam. Sie melden sich zu Besuch und Gespräch
an. Wichtiger als einzelne Vertonungen sind für Klepper die Kontakte zu den Musikern, die ihn und seine
Arbeit aus ihrer Sicht bestätigen. Auch Gerhard
Schwarz, der Leiter der Kirchenmusikschule in Berlin-
Spandau, sucht Klepper auf.

Die Wendung, die ich gemacht habe, mit dem Text
der Bibel zu »dichten« (wie im Roman mit der Ge-
schichte), hält er für den einzigen Weg zum neuen
Choral, sonst wird nämlich Museum daraus, wenn wir
die Alten mit einer Naivität nachahmen, die wir 1938
nicht mehr haben können.   12. Juli 1938

Einzelne Kirchenlieder von Jochen Klepper erscheinen bald in Tageszeitungen oder kirchlichen Publika-
tionen.

Da die ersten Kyrie-Auflagen ihren Weg so gut
machen, wird im Mai 1940 eine Drittauflage vorbereitet, die zugleich erweitert werden soll. Die Fülle des
Liedschaffens von 1937 kehrt nicht wieder, aber nach
und nach entstehen doch neue Kirchenlieder, der Le-
bens- und Arbeitsbedrängnis abgerungen.

Telefongespräch mit Ihlenfeld: Wir bereiten nun die dritte, erweiterte Auflage des »Kyrie« vor! Endlich schrieb ich wieder ein Lied, endlich. Ein Himmelfahrtslied über den 47. Psalm. 6. Mai 1940

Ich schrieb ein Bußtagslied über Daniel 9 und das »Herr, erbarme dich unser – Christe, erbarme dich unser« der sonntäglichen Liturgie; nun erst, mit dem Himmelsfahrts-, dem Oster- und dem Bußtagslied, ist das »Kyrie« abgeschlossen, und ich freue mich der erweiterten Auflage, die diese vollständige Form des gar zu schmalen Bändchens ermöglicht. 13. Mai 1940

Folgende 13 Kirchenlieder kommen in die erweiterte Auflage des »Kyrie«-Bandes neu dazu, der von nun an insgesamt 29 Lieder enthält und so bis heute im Buchhandel zu beziehen ist:

Ambrosianischer Morgengesang (Schon bricht des Tages Glanz hervor), Trostlied am Abend (In jeder Nacht, die mich bedroht), Weihnachtslied (Wer warst du, Herr, vor dieser Nacht?), Weihnachtslied im Kriege (Nun ruht doch alle Welt), Zur Jahreswende (Zuflucht ist bei dem alten Gott), Osterlied (Siehe, das ist Gottes Lamm), Himmelfahrtslied (Gott fährt mit Jauchzen auf), Bußtagslied (Wir taten Unrecht, fielen tief), Trostlied am Totensonntag (Nun sich das Herz von allem löste), Tauflied (Gott Vater, du hast deinen Namen), Konfirmationslied (Bewahre und halte nun Glauben), Hochzeitslied (Freuet euch im Herren allewege!), Abendmahl der Männer (So will ich, daß die Männer wieder beten).

Die Auflagen des erweiterten »Kyrie« steigen und werden bis zum 14. Tausend gedruckt. Dann aber wird kein Papier mehr zur weiteren Herstellung des Buches genehmigt. Angesichts der Papierknappheit werden andere Bücher bevorzugt, die im Sinne der national-sozialistischen Machthaber nützlicher und unterstützenswerter sind. Jochen Kleppers Lieder werden handschriftlich weiterverbreitet und gewinnen die Herzen der Menschen, weil sie in schwerer Zeit trösten und Mut machen.

Heute liegt der Liederband »Kyrie« in der 18. Auflage vor und gehört nach wie vor zum stehenden Angebot vieler christlicher Buchhandlungen.

Charakteristisch für Jochen Kleppers Verständnis vom Kirchenlied ist die enge Beziehung zwischen Lied und Bibeltext. Wie Klepper seinen Tagebuchaufzeichnungen biblische Losungen voransetzt, so stellt er auch im »Kyrie«-Band über alle seine Lieder (mit Ausnahme des Ambrosianischen Morgengesanges) längere oder kürzere Bibeltexte, aus denen ihm die Verse erwachsen. Das kürzeste Bibelzitat »Deine Gnade ist mein Trost« steht über dem ursprünglich seiner Stieftochter Renate gewidmeten Trostlied am Totensonntag, seinem wohl letzten Kirchenlied überhaupt, das längste Bibelzitat, ein Abschnitt aus dem 21. und 22. Kapitel der Offenbarung über das neue Jerusalem, steht über dem Lied am letzten Sonntag des Kirchenjahres »Mein Gott, ich will von hinnen gehen«, das manche Kritiker zu Kleppers reifsten und überzeugendsten, wenngleich nicht bekanntesten Kirchenliedern zählen.

Das Miteinander von Bibeltext und Lied, im »Kyrie« optisch so eindrücklich festgehalten, macht deutlich, daß Dichtung für Klepper keine eigenständige Phantasie, kein Experimentieren mit modischen Wortspielen oder literarisches Abenteuer sein will, sondern Dienst an dem einen Wort, vor dem alle Wortversuche des Menschen verstummen. In diesem Sinn ist das Motto zu verstehen, das er im Tagebuch vom 6. Juli 1933 seinem Schreiben gibt: »Aussagen über Gott machen – nein. Bibelworte sagen – ja.«

Wenn wir uns den Aufbau von Kleppers Liedersammlung »Kyrie« ansehen, merken wir, wie klar und bewußt die Lieder nach dem Prinzip des Gesangbuches angeordnet sind. Zuerst kommt der Tageslauf, dem zwei Morgenlieder, ein Mittagslied und zwei Abendlieder gewidmet sind. Es folgt die Ordnung des Kirchenjahres mit einer Gesamtschau (Du bist als Stern uns aufgegangen), sechs Weihnachtsliedern, drei Jahreswend- und Neujahrsliedern, Passion, Ostern, Himmelfahrt und Pfingsten sind mit je einem Lied vertreten, ebenfalls Reformationstag und Bußtag, während das Ende des Kirchenjahres wieder einen Schwerpunkt mit drei Liedern bildet. Nach dem Kirchenjahr folgen, dem Beginn entsprechend, wieder Lieder des Lebenskreises oder, kirchlich gesprochen, Kasualienlieder: ein Geburtstagslied, ein Tauflied, ein Konfirmationslied, ein Hochzeitslied sowie abschließend das Abendmahl der Männer. So bilden die 29 »Kyrie«-Lieder ein Kleppersches Gesangbuch in Kleinformat, dessen Stärke die schlichte Bibelnähe, die unprätentiöse Sprache und die theologische Ausrichtung auf das Evangelium von der Gnade Gottes ist.

Kleppers »Kyrie«-Lieder werden so bekannt und beliebt, daß sie bald in die Liederbücher der Kirche aufgenommen werden. Schon 1939 schreibt ihm der Schweizer Kirchenmusiker Tappolet, daß Kleppers

Abendlied »Ich liege, Herr, in deiner Hut« in einer gekürzten Fassung in das neue evangelische Kirchengesangbuch der deutschen Schweiz aufgenommen werden soll.

Nun ist da, was ich erst am Ende meines Lebens für möglich hielt, ja, nach meinem Tode. Das begreife ich immer mehr: für den Gemeindegebrauch tut Kürze not.   13. Februar 1939

Unter den Kirchenvertretern, die Klepper offiziell um Mitarbeit auf dem Gebiet des Kirchenliedes bitten, ist auch Generalsuperintendent Otto Dibelius, einer der führenden Männer der Bekennenden Kirche. Er besucht Klepper im Juli 1939 und wünscht von ihm »ganz konkrete Lieder für das geplante Gesangbuch der Bekenntniskirche«. Und im August desselben Jahres kommt der Oberkonsistorialrat Oskar Söhngen, der spätere Mitherausgeber des Handbuches zum Evangelischen Kirchengesangbuch, zu einer eingehenden Besprechung zu Jochen Klepper, um ihn um Tauf- und Traulieder für die kirchliche Praxis zu bitten. Auch die offizielle Kirche wird aufmerksam auf den Autor, dessen Lieder von den Gemeinden mit offenen Armen aufgenommen werden. Obwohl Jochen Klepper sich über solche Zeichen der Nachfrage und Anerkennung dankbar freut, bleibt er an dieser Stelle doch behutsam und gegenüber solchen Auftragsarbeiten zurückhaltend.

Es war diesmal kirchenbehördlicher Besuch, die Gesangbuchreform und sogar liturgische Fragen betreffend. Ganz besonders stand der Mangel an Trauliedern

zur Debatte und das Tauflied. Für diese beiden Gebiete
bittet man mich am dringlichsten um meine Mitarbeit.
Und ich habe mich ja längst schon entschieden: nur
noch Arbeit am Kirchenlied und am Roman. Nur hatte
ich nie für möglich gehalten, daß die Kirche so rasch
meine Mitarbeit in so direkter Weise suchen würde.

22. August 1939

Aber der eigentliche Durchbruch der »Kyrie«-Lieder erfolgt erst Jahre nach Kleppers Tod. 1950 erscheint das neue Evangelische Kirchengesangbuch, herausgegeben in Zusammenarbeit mit dem Verband evangelischer Kirchenchöre Deutschlands. Es bewährt sich als Einheitswerk und wird von fast allen evangelischen Landeskirchen Deutschlands eingeführt. Das Evangelische Kirchengesangbuch (EKG) bietet einen Stamm- oder Hauptteil mit 394 Liedern, der besonders das reformatorische und nachreformatorische Liedgut berücksichtigt, aber neben anderen Liedepochen auch Gegenwartslieder zum Inhalt hat, und einen regionalen Anhang, der von der jeweiligen Landeskirche verantwortet wird. Im Stammteil dieses zur Zeit noch gültigen Evangelischen Kirchengesangbuches finden sich drei Lieder von Jochen Klepper: Das Adventslied »Die Nacht ist vorgedrungen« (Nr. 14), das Neujahrslied »Der du die Zeit in Händen hast« (Nr. 45) und das Mittagslied »Der Tag ist seiner Höhe nah« (Nr. 351). Mit diesen drei Liedern – bei der relativ schmalen Auswahl an Gegenwartsliedern im EKG eine stattliche Repräsentation! – geht der Name Jochen Klepper in die Liedgeschichte der evangelischen Kirche ein. Zusätzlich dazu erscheinen in den Regionalanhängen der

Johannes Petzold 1939

14

Die Nacht ist vor - ge-drun-gen, der
So sei nun Lob ge-sun-gen dem

Tag ist nicht mehr fern.
hel - len Mor - gen - stern!

Auch

wer zur Nacht ge - wei - net, der stim - me

froh mit ein. Der Mor - gen - stern be -

schei - net auch dei - ne Angst und Pein.

Kleppers Gedichte gehen in die christliche Liedgeschichte ein. Lied Nr. 14 aus dem zur Zeit noch
gültigen Evangelischen Kirchengesangbuch (EKG).

Landeskirchen noch weitere Klepperlieder – ein Zeichen dafür, daß sie in einer bestimmten Kirche voll
akzeptiert und beheimatet sind. Ein Lied im Regional-
anhang des Gesangbuches, das sich bewährt, ist immer
ein Kandidat für die Aufnahme in einem neuen Stammteil. So findet sich z. B. im Anhang des EKG für die
Kirchen Niedersachsens noch ein weiteres Lied von
Jochen Klepper: das Geburtstagslied »Gott wohnt in
einem Lichte« (Nr. 451), um die zweite Strophe ge-
kürzt. Im Anhang des EKG für die Nordelbische
Kirche sind dagegen vier Lieder von Jochen Klepper
aufgenommen: das Silvesterlied »Ja, ich will euch

tragen« (Nr. 478), der Ambrosianische Morgengesang
»Schon bricht des Tages Glanz hervor« (Nr. 486), das
Morgenlied »Er weckt mich alle Morgen« (Nr. 487)
und das Abendlied »Ich liege, Herr, in deiner Hut«
(Nr. 493).

Mehrere Lieder von Jochen Klepper werden in anderen Liederbüchern abgedruckt, in den Beiheften der
Landeskirchen wie in den Liederheften der Kirchentage. Hier ist er Vertreter der Mitte zwischen den alten
Chorälen der Vergangenheit und den oft schlager- und
songartigen Liedern der Gegenwart, die vor allem
junge Menschen ansprechen. Dennoch: das Gesangbuch ist nun einmal »die dauerhafteste Anthologie
deutscher (geistlicher) Lyrik, die wir haben« (Kurt
Ihlenfeld). Und so ist letztlich hier der Gradmesser zu
suchen, wie anerkannt und akzeptiert ein Liedautor ist.
Die Gemeinde ist es schließlich, die ein Lied annimmt
oder nicht. So stellt Jochen Klepper bewußt dieses Zitat
von Martin Luther an den Anfang seines »Kyrie«-
Bandes:

*Es liegt daran, daß der Haufe Gottes oder Gottes
Volk ein Wort oder Lied annehme oder für unrecht
erkenne. St. Ambrosius hat viel schöner Hymnen gemacht, heißen Kirchengesang darum, daß sie die Kirche
angenommen hat und braucht, als hätte sie dieselben
gemacht und wären ihre Lieder.*

Interessant ist nun zu sehen, wie sich die Geschichte
der Kirchenlieder von Jochen Klepper fortsetzt. Im
Dezember 1978 fassen Rat und Kirchenkonferenz der
Evangelischen Kirche in Deutschland den Beschluß,
ein neues Gesangbuch herauszubringen, das in den

neunziger Jahren das EKG ablösen soll. Der Kirchenbund der DDR faßt einen gleichen Beschluß, so daß ein gemeinsames Werk heranreifen kann. Nach jahrelangen Vorarbeiten, an denen die Gliedkirchen bis zu Kirchenkreis- und Gemeindeebene beteiligt sind, erscheint 1988 der vorläufige Entwurf zum neuen Gesangbuch, das nun Evangelisches Gesangbuch heißt. Dieser Vorentwurf wird wiederum den beteiligten Kirchen zur Stellungnahme vorgelegt, und nach Sichtung und Gewichtung der eingehenden Anregungen und Wünsche wird im Februar 1991 von den Gesangbuchausschüssen der Stammteil des neuen Evangelischen Gesangbuches festgestellt und die Arbeit abgeschlossen. 1992 erscheint dieser Stammteil in einer Druckvorlage und kann 1993/94 von den Landeskirchen, die zusätzlich ihre Regionalanhänge neubilden, eingeführt werden. Im Stammteil des neuen Gesangbuches, der 535 Lieder enthält, darunter zahlreiche Lieder der Gegenwart, finden wir zwölf Lieder von Jochen Klepper, also eine vervierfachte Zahl gegenüber dem EKG!

Das bedeutet, daß Jochen Klepper mit seinem Liedgut nun zu den Klassikern der Liedepoche in der ersten Hälfte des 20. Jahrhunderts gehört. Niemand sonst aus diesem Zeitraum ist mit so vielen Kirchenliedern im neuen Evangelischen Gesangbuch vertreten wie er. Seine zwölf Stammteil-Lieder sind nach der Numerierung des Evangelischen Gesangbuches:

16 Die Nacht ist vorgedrungen (Adventslied)

50 Du Kind, zu dieser heil'gen Zeit (Weihnachtslied)

64 Der du die Zeit in Händen hast (Jahreswendlied)

208 Gott Vater, du hast deinen Namen (Tauflied)

Von Kleppers Vertonern, die seine Gedichte erst zum singbaren Gemeindelied machen, sind zu nennen:

Johannes Petzold (1912–1985), Lehrer und Kirchenmusiker im Vogtland, im Erzgebirge und in Thüringen, zuletzt Dozent an der Kirchenmusikschule in Eisenach. Ihm verdanken wir die Melodie zu »Die Nacht ist vorgedrungen« und »Gott Vater, du hast deinen Namen«. Volker Gwinner (geb. 1912), Kirchenmusiker in Bremen, Dresden und Lüneburg und zuletzt Professor an der Hochschule für Musik in Hannover, ist der Vertoner von »Du Kind, zu dieser heil'gen Zeit«. Die Melodie zu dem Traulied »Freuet euch im Herren allewege«, das sich in den Gemeinden erst noch einleben muß, stammt von Friedrich Hofmann (geb. 1910), Pfarrer und Dekan in Neumarkt, Mitarbeiter in Gesangbuchausschüssen. Weiter zu nennen sind Friedrich Samuel Rothenberg (geb. 1910), der bekannte Singpfarrer der Bekennenden Kirche in Brandenburg, Verlagsleiter im Evangelischen Jungmännerwerk und Herausgeber mehrerer Liederbücher (z. B. »Das junge Lied«), der kongeniale Vertoner von

Kleppers Silvesterlied »Ja, ich will euch tragen«, Rudolf Zöbeley (geb. 1901), Pfarrer und Religionslehrer in Eppingen (Baden) und Mannheim, dem wir die sich rasch durchsetzende Vertonung von »Er weckt mich alle Morgen« verdanken, und vor allem der Babelsberger und Potsdamer Kirchenmusiker Fritz Werner (1898–1977), später Professor in Heilbronn, auf den die beiden Melodien zu »Der Tag ist seiner Höhe nah« und »Ich liege, Herr, in deiner Hut« zurückgehen.

So geht der Name Jochen Klepper mit seinen Kirchenliedern weiter durch die Zeit und lädt die singende Gemeinde zum Lob Gottes ein. Gott läßt seinen Sänger nicht verstummen. Er gibt seinem Zeugnis im Lied einen weiten Raum, eine große Gemeinde. Gerade weil Klepper in seinen Liedern »nicht mit der vordergründigen Zeitgemäßheit liebäugelt« (Martin Rößler), wirken sie überzeitlich fort. Gerade weil er als Autor sich selbst so zurücknimmt und dem biblischen Zeugnis den Vortritt läßt, können seine Lieder in einem zeitlosen Sinn transparent werden für alle Zeiten. Jochen Kleppers geistliche Lieder gehören nicht zu denjenigen Texten, die heute »modern« und morgen mit Notwendigkeit »unmodern« sind, sie stehen vielmehr in der Kontinuität des uralten und immer jungen Geheimnisses des Glaubens.

Die freie Schöpferkraft beugt sich vor der Unüberbietbarkeit des biblischen Gehaltes und biblischen Ausdrucks. Die höchste, letzte, tiefste Aussage wird der Bibel selbst entnommen und bleibt ihr vorbehalten . . . Wie dieses Wort nun Gehalt und Gestalt, Inhalt und Form, Wert und Maß jedes Werkes im Wort und am

Worte bestimmt, hat wiederum die Schrift festgelegt.
Auch die Dichtung verpflichtet sie damit zur klaren
Verkündigung und zu der Nüchternheit, der allein das
Wunder sich erschließt; das Wunder, welches irgendein
menschliches Hinzutun nicht erträgt. Zu ihrer Erfül-
lung wird die Dichtung letztlich nur als biblische
Exegese gelangen: Als Textauslegung mit den Mitteln
der Dichtung, im ständigen Gemessen-, Gewogen- und
Befundenwerden vom Worte Gottes her, das auch die
kleinste Strophe einfordert.

Jochen Kleppers poetisches Credo im Aufsatz »Das göttliche Wort und der
menschliche Lobgesang« 1939

Erläuterungen zu Gedichten von Jochen Klepper

Mittagslied

Der Tag ist seiner Höhe nah.
Nun blick zum Höchsten auf,
der schützend auf dich niedersah
an jedes Tages Lauf.

Wie laut dich auch der Tag umgibt,
jetzt halte lauschend still,
weil er, der dich beschenkt und liebt,
die Gabe segnen will.

Der Mittag kommt. So tritt zum Mahl;
denk an den Tisch des Herrn.
Er weiß die Beter überall
und kommt zu Gaste gern.

Er segnet dich in Dorf und Stadt,
in Keller, Kammer, Feld.
Was dir der Herr gesegnet hat,
bleibt fortan wohlbestellt.

Er segnet dir auch Korb und Krug
und Truhe, Trog und Schrein.
Ihm kann es keinen Tag genug
an Segensfülle sein.

Er segnet deiner Bäume Frucht,
dein Kind, dein Land, dein Vieh.
Er segnet, was den Segen sucht.
Die Gnade schlummert nie.

Er segnet, wenn du kommst und gehst;
er segnet, was du planst.
Er weiß auch, daß du's nicht verstehst
und oft nicht einmal ahnst.

Und dennoch bleibt er ohn' Verdruß
zum Segnen stets bereit,
gibt auch des Regens milden Fluß,
wenn Regen an der Zeit.

Sein guter Schatz ist aufgetan,
des Himmels ewiges Reich.
Zu segnen hebt er täglich an
und bleibt sich immer gleich.

Wer sich nach seinem Namen nennt,
hat er zuvor erkannt.
Er segnet, welche Schuld auch trennt,
die Werke deiner Hand.

Die Hände, die zum Beten ruhn,
die macht er stark zur Tat.
Und was der Beter Hände tun,
geschieht nach seinem Rat.

Der Tag ist seiner Höhe nah.
Nun stärke Seel' und Leib,
daß, was an Segen er ersah,
dir hier und dort verbleib.

Jochen Klepper hat dieses Mittagslied am 4. und 5. Juni 1938 (Pfingsten) geschrieben. Vorangestellt hat er diese Auszugsworte aus 5. Mose 28, 1–12:

»Wenn du der Stimme des Herrn, deines Gottes, gehorchen wirst, werden über dich kommen alle diese Segen:

Gesegnet wirst du sein in der Stadt, gesegnet auf dem Acker. Gesegnet wird sein die Frucht deines Leibes, die Frucht deines Landes und die Frucht deines Viehs. Gesegnet wird sein dein Korb und dein Backtrog. Gesegnet wirst du sein, wenn du eingehst, gesegnet, wenn du ausgehst. Der Herr wird gebieten dem Segen, daß er mit dir sei in deinem Keller und in allem, was du vornimmst, daß alle Völker auf Erden werden sehen, daß du nach dem Namen des Herrn genannt bist, und der Herr wird dir seinen guten Schatz auftun, den Himmel, daß er deinem Land Regen gebe zu seiner Zeit und daß er segne alle Werke deiner Hände.«

Dieser Bibeltext ist in den Strophen 4–10 aufgenommen, die das Leitwort »segnen« jeweils auf ihre Weise entfalten. Die Rahmung, bestehend aus den Strophen 1–3 und 11–12, macht das allgemeine Segenslied zu einem Mittagslied, denn nur in diesen Strophen werden Tageszeit und Anlaß genannt. Der Kern der Rahmungsstrophen ist »ein bestimmter Tischgebetstext, nämlich das biblisch in Offenbarung 3, 20 und 22, 20 sowie Jesus Sirach 35, 12 verankerte Reimgebet:

Komm, Herr Jesu, sei unser Gast, und segne, was du uns bescheret hast« (Jürgen Henkys). Kleppers Lied geht inhaltlich über ein traditionelles Mittagsgebet weit hinaus, es entfaltet eine Gesamtschau des Segens Gottes und koordiniert Stille und Andacht mit Tat und

Aktivität (Strophe 2 und 11). Strenggenommen ist es kein Gebet (es fehlt durchweg die Anrede Gottes), sondern Ruf und Einladung zum Gebet.

Aussagen: Strophe 1 und 2: Die Höhe des Tages wird dadurch zum Höhepunkt, daß des Höchsten gedacht wird. Gerade in Lärm und Hast hat die lauschende Stille eine wunderbare Chance, mit den Gaben des Tages die Segnung der Gaben zu erlangen. Was dem natürlichen Auge als eigenes Werk erscheint, Arbeit und Ertrag, ist den Augen des Glaubens Gabe und Geschenk.

Strophe 3: Das Mahl erinnert an den Tisch des Herrn, das Abendmahl. Der Betende tritt in eine große Gemeinschaft mit anderen Betenden ein – »Wer Gott lobt, ist nicht allein« – und erfährt die Nähe des großen Gastes, der in Wahrheit der Gastgeber ist.

Strophe 4–10: Die große Segensfülle. Gottes Segen ist sichtbar und greifbar um uns her in den Gaben und Früchten der Schöpfung – eine echt alttestamentlich-irdische Vorstellung: Segensfülle zum Anfassen. Der Bibeltext macht sie fest an Acker, Keller, Korb und Backtrog, Klepper ergänzt in dichterischer Freiheit, aber ganz im Sinne der Vorlage diese »Medien« des Segens mit Kammer, Krug, Truhe und Schrein. Häusliche Symbole gewiß, die dem Dichter in seiner Existenz so wichtig sind als Schutz vor draußen, als Zeichen für jenes »ewige Haus« vielleicht auch, an dessen Roman er arbeitet.

Strophe 11 ist wohl die stärkste und persönlichste Aussage Kleppers in diesem Lied, die als Vierzeiler eine gewisse Eigenständigkeit und als Zitat und christlicher Spruch weite Verbreitung hat. Kein wohltemperiertes, auf Ausgleich bedachtes »ora et labora« (bete und arbeite!), sondern Ausschließlichkeit und »Angriff: *Nur* die betenden Hände sind stark zur Tat« (Jürgen Henkys). Denken wir an die politische und völkische Aufbruchstimmung und die Glorifizierung der »heldischen Tat« jener Jahre.

Obwohl Kleppers Mittagslied bereits im Evangelischen Kirchengesangbuch (Stammteil) steht, muß es im Raum der Kirche vielfach noch entdeckt und der Gemeinde vertraut gemacht werden.

Trostlied am Abend

Beginn: In jeder Nacht, die mich bedroht

Wortlaut im Band »Kyrie« Seite 19 und 20

Äußerungen von Zeitgenossen:

Mein Lieblingsgebet am Abend. Ich habe es ganz zufällig in einer Gedichtsammlung meiner Schwester entdeckt. Es sprach mich beim ersten Lesen so an, daß ich es mir abschrieb. Seither liegt das Gebet in meinem Nachttisch.

Viele Male verschenkte ich den Wortlaut dieses Liedes handgeschrieben an Freunde. Das Echo war jedesmal positiv. Der Abend ist die beste Zeit für die Selbstbesinnung mit solchen Versen.

Statt Schlaftabletten das Abendlied von Jochen Klepper – mehrmals wiederholend! Wenn nur mehr Menschen es mit solchen Möglichkeiten versuchen würden: ihre Nächte wären weniger von Angst und Sorge durchquält. Zeichen für den Anbruch des Reiches Gottes im ureigenen Bereich des Tageslaufs.

Das »Trostlied am Abend« kommt erst anläßlich der dritten, erweiterten »Kyrie«-Auflage 1940 zur Veröffentlichung. Es gehört nicht zu den bekanntesten und verbreitetsten Liedern von Jochen Klepper, hat z. B. auch keinen Platz im Stammteil des neuen Evangelischen Gesangbuches gefunden – leider! Denn es ist eins der menschlichsten und tröstlichsten Abendlieder der Gegenwart, ein eindrückliches Beispiel für die Verbindung von Glauben und Poesie (= Kunst des »Machens«). Freilich geht es am wenigsten einem zusammenhängenden Bibeltext nach; den fünf sechszeiligen Liedstrophen ist nur das kurze und allgemeine Prophetenwort »Dein Wort ist meines Herzens Freude und Trost« (Jer. 15, 16 in Auswahl) vorangestellt. Insofern bildet es eine Ausnahme unter den »Kyrie«-Liedern und das Gegenbeispiel zu Kleppers Lied »Am letzten Sonntag des Kirchenjahres« (Mein Gott, ich will von hinnen gehen), das dem langen Text Offenbarung 21/22 nachgesprochen ist. Das »Trostlied am Abend« läßt deutlich erkennen, daß Klepper seine Lieder zunächst sich selber zum Trost schreibt; die Freude und den Trost aus Gottes Wort (Jeremia) buchstabiert er persönlich durch und konfrontiert die erlittenen Nöte mit der erfahrenen Gotteshilfe. So frei und textunabhängig er dies auch tut, er bringt dabei dennoch »mit der Bibel dichtend« stehende Bilder der Heiligen Schrift ein: in Strophe 1 etwa den Stern, sei es der Weihnachts- oder der Morgenstern oder Gottes Engel, der wie bei Jesus naht, um ihm zu dienen, oder in Strophe 2 das Wort aus der Schöpfungsgeschichte des Alten Testamentes: Es werde Licht! In Strophe 4 ist es wieder das Evangelium von der Rechtfertigung des Sünders aus Gnade, das Herzstück der Reformation Martin Luthers, das den entscheidenden Trost in der Nacht – nicht nur als Tageszeit, sondern zugleich als Nacht der Gottesferne verstanden – vermittelt. Hier ist das dritte Kapitel des Römerbriefes nicht fern.

Aufbau: In Strophe 1 vergewissert sich der Dichter aller bisherigen Hilfe durch Gott. Wann und wie und wo Gott will, ist sein Trostwort präsent.

In den Strophen 2–4 werden die Nöte und Ängste genannt, die in der Nacht besonders quälen: Zweifel, Sorge und Sünde. Damit umreißt Klepper, der ohne Frage hier autobiographisch entfaltet, auf eine zeitlose Weise die Nachtexistenz des Menschen, in der wir uns alle wiedererkennen. Zweifel, Sorge und Sünde beantwortet Klepper mit der erlebten Treue Gottes: Sein Wort gibt Licht, schenkt den Weg und verkündet den Freispruch (siehe oben!).

In der Strophe 5 wird aus allem die Folgerung des Vertrauens gezogen: »In jeder Nacht, die mich umfängt, darf ich in deine Arme fallen.« Der zu Gott heimkehrende verlorene Sohn (Luk. 15) darf dem Vater in die Arme fallen, weil der Vater selbst ihm mit geöffneten Armen entgegenkommt. Gerade diese letzte Liedstrophe sollten wir als Abendgebet entdecken und uns zu eigen machen. Sie kann reichen Trost vermitteln.

Weihnachtslied

Beginn: Die Nacht ist vorgedrungen

Wortlaut im Band »Kyrie« Seite 26 bis 28 und im Evangelischen Kirchengesangbuch Nr. 14

Äußerung von Zeitgenossen:

Wir sprachen in einem Diskussionskreis über Advents- und Weihnachtslieder. Jeder konnte sagen, welches Lied ihm besonders nah und wichtig ist. Ich nannte Kleppers Lied »Die Nacht ist vorgedrungen«. Warum? Weil hier das Frohe das Ernste nicht ausklammert, weil die Wirklichkeit nicht mit frommen Sprüchen überzuckert wird. »Gott will im Dunkel wohnen« – das kann man singen, ohne unredlich zu werden.

Dies Lied in der schönen Vertonung von Johannes Petzold begleitet uns von Anfang an. Es war unser Hochzeitslied im Advent 1960. Jedesmal am Hochzeitstag spiele ich es für meinen Mann auf dem Klavier, und wir beide singen alle fünf Strophen auswendig. Wie solch ein Lied verbinden und im Glauben befestigen kann! Ich denke an Kleppers schreckliche Lage damals und freue mich, daß sein erzwungener Tod seine Lieder und Gedichte nicht töten konnte.

Ich war heute im Adventsgottesdienst. Im allgemeinen erwarten wir Protestanten noch immer von der Predigt das Wichtigste und halten alles andere in der Liturgie für schmückendes Beiwerk. Diesmal hörte ich die Adventsbotschaft ganz aus dem strahlenden Chorsatz »Die Nacht ist vorgedrungen«. Klepper gelingt es, die Ganzheit des Adventsevangeliums bis hin zur Zukunftshoffnung biblisch und poetisch auf einen Nenner zu bringen. Mir wurde so recht klar, wie wichtig Lieder und Chorgesänge sind, auch als Hüter der Wahrheit.

Dieses Lied entsteht am 18. Dezember 1937. Es ist das bekannteste Kirchenlied von Jochen Klepper, das weitaus am meisten von allen seinen Liedern abgedruckt und verbreitet wird. Übrigens wurde es jüngst auch in das neue norwegische Gesangbuch aufgenommen. Jochen Klepper stellt ihm aus der Epistel des 1. Sonntags im Advent, Römer 13, 8–14, folgende Auszugsworte voran: »Und weil wir solches wissen, nämlich die Zeit, daß die Stunde da ist, aufzustehen vom Schlaf (sintemal unser Heil jetzt näher ist, denn da wir gläubig wurden; die Nacht ist vorgerückt, der Tag aber nahe herbeigekommen): so lasset uns ablegen die Werke der Finsternis und anlegen die Waffen des Lichtes.« Klepper greift aus dem Römerbrieftext den Vers 12 a heraus: »Die Nacht ist vorgerückt, der Tag aber nahe herbeigekommen« und macht ihn zum Bildthema des ganzen Liedes. Dabei vernachlässigt er in dichterischer Freiheit den ethischen Sinnzusammenhang der Stelle, der es um das rechte verantwortliche Miteinander der Menschen in der Gemeinde geht, und hört für sich nur das eine Trostwort vom Ende der Nacht aus dem Paulustext heraus und meditiert es unter dem Eindruck der Weihnachtsbotschaft in fünf Strophen. Zum Bild vom Morgendämmern gehört das Bild des Morgensternes, das der Dichter gern aufgreift: »Ich bin der helle

Morgenstern«, sagt der Auferstandene in der Offenbarung 22, 16. Der Morgenstern als Vorzeichen des anbrechenden Morgens wird für Klepper in der Strophe 3 durchsichtig für den Weihnachtsstern: »Doch wandert nun mit allen der Stern der Gotteshuld.«

Das als »Adventslied« in unser Gesangbuch aufgenommene Klepperlied, das übrigens auch im katholischen Gesangbuch »Gotteslob« steht, ist eigentlich ein »Weihnachtslied« nach seiner Überschrift wie nach den inhaltlichen Aussagen der Liedstrophen 2 und 3: »Dem alle Engel dienen, wird nun ein Kind und Knecht ... Er soll errettet werden, wenn er dem Kinde glaubt ... macht euch zum Stalle auf!« Auf der anderen Seite verkündigt das Lied aber betont auch die Ankunft Christi mit dem Evangelium vom Heil und der Zukunftshoffnung beim Gericht. Klepper weiß um das Geheimnis, daß erst der sich über die Geburt des Krippenkindes freuen kann, der die Erlösung durch das Wort des Gekreuzigten und Auferstandenen erfahren hat. Insofern gehen Advent und Weihnachten sachlich ineinander über.

Insgesamt ist es ein ernstes Advents- und Weihnachtslied, ohne eiapopeia, holder Knabe im lockigen Haar oder Wonne über Wonne. »Auch wer zur Nacht geweinet ... auch deine Angst und Pein (Str. 1), »Wer schuldig ist auf Erden« (Str. 2), »seit eure Schuld geschah« (Str. 3), »Noch manche Nacht wird fallen auf Menschenleid und -schuld« (Str. 4) und »Gott will im Dunkel wohnen« (Str. 5) – das alles spricht eine andere Sprache. Gerade darum ist Kleppers Lied vielen Zeitgenossen nah und wichtig. Das biographisch und zeitgeschichtlich Schwere und Dunkle, das über Klepper lastet, findet hier in zeitloser Weise Ausdruck und Antwort. Manches Weihnachtsfest kann mit diesen Aussagen glaubwürdiger und erträglicher begangen werden als mit dem Lied »O du fröhliche . . .« auf den Lippen.

Weil das so ist, darum ist das Lied »Die Nacht ist vorgedrungen« ein wahrhaft tröstliches Bekenntnis. »In dem Liede leuchtet die ganze Fülle des christlichen Glaubens auf, so daß es, sooft man es auch singt, nichts von der Kraft einbüßen wird, die ihm die Meisterschaft des Dichters und die Tiefe seiner Frömmigkeit verliehen haben« (Alfred Stier). Auch unabhängig von Zeiten des Kirchenjahres sollte man sich an dieses Lied erinnern und es, auch ohne es zu singen, im Lesen oder Sprechen sich vertraut machen. In einer schlaflosen Nacht z. B., in der Sorgen und Ängste bekanntlich besonders groß werden, kann der Liedtext Kleppers einen guten Dienst tun. Mit dem Gesangbuch zu leben – dazu können Lieder wie dieses Mut machen.

Silvesterlied

Beginn: Ja, ich will euch tragen

Wortlaut im Band »Kyrie« Seite 39 und 40

Äußerungen von Zeitgenossen:

In unser Altenheim kam neulich zum Jahresende ein Frauenchor. Er erfreute uns duch schöne Kirchengesänge. Besonders gefiel mir der Liedvortrag »Ja, ich will euch tragen« mit dem Text von Jochen Klepper. Ich habe ihn mir von einer freundlichen Helferin fotokopieren lassen. Nun hängt er über meinem Bett. Eigentlich könnte man dieses »Silvesterlied« jeden Tag hören, so tröstlich und wahr ist es.

Warum müssen die heutigen »Liedermacher« im Raum der Kirche oft so oberflächliche und platte Texte, die wie »auf die Schnelle« gemacht wirken, in Umlauf bringen? Eintagsfliegen, die zu bestimmten Anlässen vielleicht begrüßt werden, aber sich auf Dauer nicht bewähren, vor allem nicht in der Härte des Daseins. Biblische Botschaft, schlicht und zeitlos in Vers und Reim gebracht, wie in Kleppers »Silvesterlied«, das ich neulich im Rundfunk wiederhörte, das hat nach wie vor Verheißung und kommt auch an.

Können Sie mir sagen, wo ich den Text des Gedichtes »Ja, ich will euch tragen« finde und von wem er stammt? Die Verse haben mich so angesprochen und angerührt, daß ich sie schwarz auf weiß vor Augen haben möchte.

Das schlichteste und volkstümlichste der drei Jahres-
wendlieder Kleppers, als Chor- und Vortragslied in der
Vertonung von Friedrich Samuel Rothenberg schnell
und nachhaltig bekannt geworden, entsteht 1938 und
wird im gleichen Jahr in die erste »Kyrie«-Auflage
aufgenommen. Es lehnt sich an die beiden Bibelstellen
Jesaja 46, 4 und 5. Mose 32, 7 an: »Ja, ich will euch
tragen bis ins Alter und bis ihr grau werdet. Ich will es
tun, ich will heben und tragen und erretten.« – »Ge-
denke der vorigen Zeiten bis daher und betrachte, was
er getan hat an den alten Vätern« (bei Klepper in
Pluralform).

Klepper nimmt das Ich Gottes aus Jesaja 46 auf und
entfaltet damit einen tröstlichen Zuspruch Gottes an
die Seinen. Gott selber spricht durch sein Wort, das
ganz im Sinne der Trostbotschaft des Deutero-Jesaja
(Zweiter Prophet Jesaja) »Tröstet, tröstet mein Volk«
(Jes. 40) dichterisch angewendet wird. Kleppers Silvesterlied gehört zu den ausgesprochen lyrischen Arbeiten aus seiner Werkstatt und spricht unmittelbar an.

Aussagen: Die ersten vier Strophen bringen die
Zusage Gottes: »Ja, ich will euch tragen bis zum Alter
hin« in einer vierfachen Bekräftigung. Damit Hand in
Hand geht die Einladung zum Vertrauen, die ihre Mitte
hat in der zweiten Strophe: ». . . müßt dem Vater
trauen, Kinder sein als Greis.« Strophe 5 und 6 erinnern bibelgemäß an das Handeln Gottes in der Vergangenheit. Der Blick zurück soll stärken für den Blick
nach vorn: Das ist für Jochen Klepper eine »eiserne
Lehre«: »Auf jeden Blick voraus einer zurück!« Was
zunächst – auch für Klepper – für die Gemeinde Gottes
gilt, gilt dann gewiß auch für jeden einzelnen Men-

schen, der zur Gemeinde gehört: In wieviel Not hat nicht der gnädige Gott über dir Flügel gebreitet! Daraus der Schluß: Sollte dieser Gott jetzt und in Zukunft anders walten und wirken? Zusammenfassender Höhepunkt des Liedes, auf den alle Strophen zulaufen, ist die Strophe 7, Trost und Vergewisserung als geistliche Wegzehrung.

Kleppers Lied hat nicht nur zur Jahreswende seinen Sitz im Leben. Als Geburtstagslied und -gedicht wie auch bei Hochzeitsjubiläen bewährt es sich mannigfaltig. Im Vorentwurf für das neue Evangelische Gesangbuch steht es unter Nr. 371 in der Rubrik »Angst und Vertrauen« und hat hier einen Platz zu allgemeinem Gebrauch.

Neujahrslied

Beginn: Der du die Zeit in Händen hast

Wortlaut im Band »Kyrie« Seite 43 und 44 und im Evangelischen Kirchengesangbuch Nr. 45

Äußerungen von Zeitgenossen:

Anläßlich einer Tagung in einer Evangelischen Akademie hörten wir Referate zum Thema: »Die uns anvertraute Zeit«. Es ging um die Frage, wie wir im Beruf und im Privatbereich unsere Zeit einteilen und nutzen. In den täglichen Andachten begleitete uns das Lied »Der du die Zeit in Händen hast«, das im Gesangbuch als Neujahrslied steht, aber von seiner Themathik her von ständiger Bedeutung ist. Drei Zeilen daraus ließen mich nicht los: »Da alles, was der Mensch beginnt, vor seinen Augen noch zerrinnt, sei du selbst der Vollender!«

Das Schönste am Jahreswendgottesdienst war Kleppers »Neujahrslied«. Diese sechs Strophen enthalten alles Wesentliche, sozusagen die eiserne Ration des Glaubens durch dies Jahr. Damit kann man leben und arbeiten. Nicht mehr und nicht weniger gibt der Glaube an Gott.

Unlängst meditierte ich einmal wieder einmal das Gedicht »Der du die Zeit in Händen hast«. Erstaunlich, wie Jochen Klepper in drei Zeilen Geschenk und Auftrag des Lebens ineinandersehen kann: »Nun von dir selbst in Jesu Christ die Mitte fest gewiesen ist, führ uns dem Ziel entgegen«. Zum ersten Mal fiel mir auf, daß der Text nicht nur Stücke aus Psalm 102 aufnimmt, sondern in zentraler Weise auch Gedankengut aus Psalm 90. So muß es sein: Unser Lied lebt von der Bibel, und zugleich wird die Bibel durch das Lied neu zugänglich.

Jochen Kleppers Neujahrslied, schon in der schmalen ersten Auflage des »Kyrie«-Bandes 1938 veröffentlicht, ist textlich folgenden Versen des Psalmes 102 nachempfunden: »Deine Jahre währen für und für. Du hast vormals die Erde gegründet, und die Himmel sind deiner Hände Werk. Sie werden vergehen, aber du bleibest. Sie werden alle veralten wie ein Gewand; sie werden verwandelt wie ein Kleid, wenn du sie verwandeln wirst. Du aber bleibest, wie du bist, und deine Jahre nehmen kein Ende« (Vers 25b–28). An diesem Lied wird deutlich, wie Klepper »mit der Bibel dichtet«. Er bringt nicht einfach den vorgegebenen Text in Vers und Reim, sondern erläutert und vertieft ihn durch andere Aussagen der Bibel.

In der Strophe 4 hört der Bibelkundige deutlich Psalm 90, 9 und 14 heraus: »Darum fahren alle unsre Tage dahin durch deinen Zorn« und: »Fülle uns frühe mit deiner Gnade.«

In der letzten Strophe mit der Bitte »Bleib du uns gnädig zugewandt« ist der Vers 13 des 90. Psalmes gegenwärtig: »Herr, kehre dich doch wieder zu uns und sei deinen Knechten gnädig!«

Schließlich erinnert Strophe 3 mit der Zeile 6 »weil wir im Winde treiben« an eine Aussage aus Jesaja 64, 5: »Wir sind alle verwelkt wie die Blätter, und unsre Sünden führen uns dahin wie ein Wind« und natürlich noch einmal an Psalm 90, 10: »Denn es fähret schnell dahin, als flögen wir davon.«

Es sind also wesentlich nicht eigene Gedanken und Bilder, die Klepper zur Vergegenwärtigung der biblischen Vorlage einbringt, sondern aus vergleichbaren anderen Bibeltexten herangeholte Aussagen. Klepper hat von Luther gelernt, daß die Heilige Schrift durch solche wechselseitigen Beziehungen sich selbst auslegt. Und so ergibt sich eine starke Nähe des Klepperliedes zum Liedgut der Reformationszeit. Die geistliche Dichtung ist für Klepper eine Dienerin des Gotteswortes, und er sieht in seiner programmatischen Arbeit »Das göttliche Wort und der menschliche Lobgesang« das Amt des Dichters in einer Linie mit dem des Psalmisten, Propheten und der Evangelisten und Apostel.

Trotzdem – und gerade Kleppers Neujahrslied ist ein sprechender Beleg dafür – hat das Gedicht gegenüber der Predigt etwa seine unverwechselbare Besonderheit: als Dichtung erreicht es »noch andere Schichten unseres Wesens und wendet die Verkündigung des Evangeliums in Anbetung« (Alfred Stier). Auch dieses Klepperlied ist im katholischen »Gotteslob« aufgenommen.

Aussagen: Das Lied ist Gebet zu Gott, nicht nur wie die beiden anderen Klepperlieder im Evangelischen Kirchengesangbuch (Nr. 14: Die Nacht ist vorgedrungen und Nr. 351: Der Tag ist seiner Höhe nah) Ruf und Einladung dazu.

Strophe 1: Jesus Christus als Mitte unseres Lebens führt uns durch die Zeit dem Ziel entgegen. Seine Nähe kann Last in Segen verwandeln.

Strophe 2: In der Vergänglichkeit und Bruchstückhaftigkeit des menschlichen Tuns kann nur Gott Vollendung schenken.

Strophe 3: Der Mensch und sein Werk können vor Gott nicht bestehen. Wir treiben im Wind, Gottes Wirken bleibt.

Strophe 4: Unsere Zeit ist begrenzt, Gott bleibt in Ewigkeit. Wir empfinden unsere Vergänglichkeit als Verhängnis (»Zorn«), und doch schenkt Gott uns seine Gnade.

Strophe 5: Diese Gnadengaben Gottes sollen Wert und Maß unseres Lebens sein. Dann muß uns keine Schuld und Verfehlung mehr von Gott trennen.

Strophe 6: Die alles zusammenfassende Schlußstrophe mit der Vergewisserung des Glaubens. Ein Gebet, das auch unabhängig von der Jahreswende als Morgen- oder Geburtstagsgebet gesprochen werden kann.

Am letzten Sonntag des Kirchenjahres

Mein Gott, ich will von hinnen gehen,
der Erdentag wird mir zu lang,
die Tore deiner Stadt zu sehen,
zu hören himmlischen Gesang.
Vor deinem Angesicht zu stehn,
das ist's allein, was ich ersehn'.

Nicht, daß ich nicht zu danken wüßte
für das, was du mir hier beschert.
Nicht, daß ich nicht geduldig büßte,
solang es dein Gericht begehrt.
Doch das, wonach mein Herz so brennt,
ist, daß mich nichts mehr von dir trennt.

Die Städte dieses Erdenrundes
sind fahle Schatten deiner Stadt,
die uns Verheißung deines Mundes
schon längst zuvor begründet hat.
Zu ihren Höhen blick' ich auf.
Ach, endete der Jahre Lauf!

Die Brunnen, die hier lieblich rinnen
sind nur ein blasses, dunkles Bild
des Borns, der unter goldenen Zinnen
vor deinem Stuhle ewig quillt.
Die Stadt, die deine Herrlichkeit
erleuchtet, Herr – liegt sie noch weit?

Ich denke nur an ihre Mauern,
die der Apostel Namen schmückt.
Was hier ist, kann nur flüchtig dauern,
nachdem ich ihren Saum erblickt.

Ihr Tor steht offen Tag und Nacht:
Wann werd' ich, Herr, vor dich gebracht?

Vergehen bald der Berge Firnen,
daß deine Stadt herniederfährt,
darin der Engel reine Stirnen
von deinem Namen sind verklärt?
Die Stadt, geschmückt gleich einer Braut,
aus Jaspis und Saphir erbaut?

Errichtet aus dem Holz des Lebens,
so steigt sie aus der Wolken Meer.
Wir Menschen wandern nicht vergebens:
du nahst uns aus der Ferne her.
Die Hütte Gottes ist bereit,
die Stadt des Heils in Ewigkeit!

Erlöschen mögen Mond und Sonnen.
Dein Glanz herrscht in ihr immerdar.
Das Ziel war da, eh wir begonnen.
Die Worte sind gewiß und wahr.
Wir suchten nicht: Du bist's, der sucht
und heimruft, die wir dir geflucht.

Dieses sprachlich meisterliche und an biblischen
Bildern reich gesättigte Kirchenlied »Am letzten Sonntag des Kirchenjahres«, das schon zum Urbestand der
›Kyrie‹-Lieder zählt, ist wenig bekannt. Zum Lied der
singenden Gemeinde ist es nie so recht geworden. Es ist
ein Lese-Text, ein Gedicht für Anthologien geblieben.
Liegt es an dem nicht leicht eingehenden Text der
Offenbarung, die der christlichen Gemeinde ohnehin
ferner und fremder ist als andere Bücher der Bibel?

Liegt es daran, daß keine einschlägige Vertonung zu diesem Gedicht im Umlauf ist? Oder ist die überirdische Zukunftshoffnung der Christenheit so verblaßt, daß man sich scheut, zu den funkelnden Hoffnungsbildern der Offenbarung Zugang zu suchen? Der christliche Glaube braucht die Ewigkeitshoffnung der Offenbarung, sonst leidet er an geistlicher Unterernährung. Das Kommen des Reiches Gottes ist keine entbehrliche »Sonderlehre«, sondern Mitte und Grund der christlichen Hoffnung. Die Lehre von den »letzten Dingen« (Eschatologie) kann und darf sich nicht in Träumen von der Befriedung und Vermenschlichung des Planeten Erde erschöpfen. Gerade die Hoffnung auf Gottes kommendes Reich (in der Offenbarung und im vorliegenden Klepperlied unter dem Bild vom himmlischen Jerusalem lebendig) verleiht Kraft und Mut, in dieser vergänglichen Welt für Frieden und Gerechtigkeit zu sorgen. Gott wird siegen und allen Widerständen zum Trotz zum Ziel kommen – das ist die Hauptaussage der bilder- und visionsreichen Offenbarung. »Es gibt keine christliche Existenz ohne letzte Gelöstheit von den Dingen der irdischen Zeit« (Hanns Lilje). Das gilt im Blick auf die Geschichte wie im Blick auf das eigene Leben.

Es steht außer Zweifel, daß für Jochen Klepper die Hoffnungsbotschaft der Offenbarung angesichts seiner dämonischen Zeitgeschichte wie seines persönlichen Lebensweges von existentieller Bedeutung war. Darum spricht er gerade in diesem Lied so bewegend im Ich-Ton und verknüpft den Text der Offenbarung mit der Schau seines eigenen Lebens. Das Lied eignet sich sehr zur Auslegung der zugrundeliegenden Offenbarungstexte und kann helfen, die uns fremd gewordenen Bilder und Aussagen des letzten Buches der Bibel neu mit Leben zu erfüllen. Man kann es zum Ausgangspunkt eines Bibelgespräches über die Offenbarung nehmen oder als Zusammenfassung und Vergegenwärtigung ihrer Aussagen.

Aufbau: Strophe 1: Sehnsucht nach Gottes himmlischem Reich: Der Erdentag wird mir zu lang. Irgendwann im Leben erfahren wir, daß es gut sein kann, wenn das Leben endet. Ergeben wir uns in ein Nichts oder kennen wir die Sehnsucht nach Gott?

Strophe 2: Es gibt Anlaß zur Dankbarkeit in dieser Welt, und manche Geduldsproben werden durchstanden. Aber bei Gott zu sein, ist unvergleichlich größer.

Strophe 3–7: Gottes himmlische Stadt als Bild für sein kommendes Reich wird textgemäß beschrieben. Die Erdenwelt ist nur ein »fahler Schatten« jener zukünftigen Gottesstadt. Zentrale Frage: »Die Stadt, die deine Herrlichkeit erleuchtet, Herr – liegt sie noch weit?« (Str. 4).

Strophe 8: Am Ziel wird die verborgene Wahrheit unseres Lebens deutlich: »Wir suchten nicht: Du bist's, der sucht und heimruft, die wir dir geflucht.«

Der dem Lied zugeordnete Bibeltext lautet: »Und es kam zu mir einer von den sieben Engeln und führte mich hin im Geist auf einen großen und hohen Berg und zeigte mir die große Stadt, das heilige Jerusalem, herniedergefahren aus dem Himmel von Gott, bereitet als eine geschmückte Braut ihrem Mann, die hatte die Herrlichkeit Gottes. Und ihr Licht war gleich dem alleredelsten Stein, einem hellen Jaspis.

Und die Mauer der Stadt hatte zwölf Grundsteine

und auf ihnen die Namen der zwölf Apostel des Lammes. Und die Stadt bedarf keiner Sonne noch des Mondes, daß sie ihr scheinen; denn die Herrlichkeit Gottes erleuchtet sie.

Und ihre Tore werden nicht verschlossen des Tages; denn da wird keine Nacht sein.

Und er zeigte mir einen lautern Strom des lebendigen Wassers, klar wie ein Kristall; der ging aus von dem Stuhl Gottes und des Lammes. Mitten auf ihrer Gasse auf beiden Seiten des Stroms stand Holz des Lebens, das trug zwölfmal Früchte und brachte seine Früchte alle Monate. Und ich hörte eine Stimme von dem Stuhl, die sprach: Siehe da, die Hütte Gottes bei den Menschen«. (Offb. 21, 9a, 10–11, 14, 23, 25; 22, 1–2a; 21, 3a).

Tagebuchblatt: Begegnung mit Billum

Juni 1980. Anläßlich des Deutschen Katholikentages in Berlin lese ich mit anderen Autoren im Lyrik-Forum 1. Paul Konrad Kurz aus München moderiert. Hundertschaften von jungen Leuten füllen den Saal, hör- und diskutierfreudig. Ein Empfang beim Regierenden Bürgermeister im alten Reichstagsgebäude schließt sich an. Ebenso eine Besichtigung der Mauer und – aus respektvoller Distanz – des Brandenburger Tores sowie ein Besuch in Ostberlin, Alexanderplatz. Karin und Christoph begleiten mich. Der letzte Tag gilt dem Wannsee. Herrliches Sonnenwetter, bevölkerter Strand. Dann aber geht es nach Nikolassee. Hier wollen wir auf dem Gemeindefriedhof Jochen Kleppers Grab aufsuchen. Da wir tanken müssen, können wir uns dabei gleich nach dem Weg erkundigen. Also biegen wir in die nächste Tankstelle ein, und ich frage den jungen Mann, der uns bedient: »Wo ist denn hier der Friedhof? Wir wollen das Grab von Jochen Klepper besuchen.«

Als ob der Tankwart den Namen kennen müßte! Der aber sieht auf, strahlt und zeigt auf einen älteren Herrn im Arbeitskittel: »Da fragen Sie mal den Chef, das ist genau der Richtige für Sie! Er ist nämlich der Bruder.«

Wilhelm Klepper, genannt Billum, Jochens jüngster Bruder? Er ist es tatsächlich! Ich mache mich bekannt und erzähle ihm, daß ich dabei bin, ein Lebensbild von Jochen Klepper zu erarbeiten, ein kleines Büchlein mit dem schweren Titel »Auserwählt im Ofen des Elends«. Daß ich im Begriff bin, das Grab aufzusuchen und

Aufnahmen zu machen. Schlichte Herzlichkeit begegnet mir, mein Gegenüber wird immer lebendiger. Wilhelm Klepper nimmt mich in sein Büro, setzt sich zu mir. Eine geschlagene Stunde sitzen wir da und erzählen, erzählen. Manches Angelesene erfährt eine kleine Korrektur aus erlebter Nähe.

»Jetzt wäre mein Bruder schon 77 Jahre. Was hätte er wohl noch alles geschrieben und geschafft! Aber wer weiß – von robuster Natur ist er nie gewesen. Immer war er irgendwie niedergeschlagen, als wenn alles so kommen mußte. Begreifen kann man das auch vierzig Jahre später noch nicht!«

Er erzählt von Hildegard, der Schwester, die die Sache mit den Büchern und Verlagen regelt und den Nachlaß verwaltet. Er selber sei ja nur Tankstellenbesitzer, lacht er verschmitzt und bodenständig.

Den Weg erklärend und nachwinkend, so sehe ich ihn zuletzt. Die Grabstätte finden wir ohne langes Suchen. Am schlichten Holzkreuz mit den drei Namen die stille Ergriffenheit.

Efeu und Stiefmütterchen zu seinen Füßen. Viel geht durch Kopf und Herz: Namen, Gesichter, Tagebuchnotizen, Gedichte. Zu dritt stehen wir hier, und ich weiß: Dies ist der stille Höhepunkt unserer Berlintage für mich. Christoph, dem Zwölfjährigen, sage ich zwei Strophen aus Kleppers Weihnachtslied auf: Die Nacht ist vorgedrungen . . .

Zurück fahren wir durch Jochen Kleppers geliebtes Zuhause, durch Straßen mit schönen Villen und Gärten, an der Rehwiese entlang, vorbei an der evangelischen Kirche von Nikolassee, anders heimkehrend als hergekommen.

Das Jochen-Klepper-Gedenkjahr 1992

Der Name Jochen Klepper lebt vor allem im Bereich des christlichen Glaubens und bezieht seine Leuchtkraft aus den geistlichen Gedichten und Kirchenliedern. Doch auch im Raum der Kirche bedarf es immer wieder der Information und der Erinnerung, um das Werk und das Geschick dieses Dichters nicht in Vergessenheit geraten zu lassen. Das Gedenkjahr 1992 wartet mit einigen Signalen und Impulsen auf, die hierzu erneut Hoffnung gegeben haben. Gewiß harrt das menschliche und künstlerische Erbe Kleppers weithin noch der Entdeckung und Bewußtmachung in der Öffentlichkeit, ganz abgesehen davon, daß es in der literarischen Zunft wenig Aufmerksamkeit für den »geistlichen Sonderling« unter den Schriftstellern der schweren dreißiger und vierziger Jahre unseres Landes gibt. Selbst in Lyrikanthologien, die Vertreter geistlicher Herkunft von Paul Gerhardt bis Albrecht Goes berücksichtigen, fehlt zuweilen der Name Jochen Klepper.

Immerhin gab es im Gedenkjahr 1992 eine Reihe von Artikeln in Zeitungen und Zeitschriften, die der Frage nach Kleppers Bedeutung für die Gegenwart nachgingen. Stellvertretend für anderes sei hingewiesen auf den Artikel im Deutschen Allgemeinen Sonntagsblatt (Nr. 50 vom 11. Dezember 1992), in dem Rüdiger Görner unter dem Titel »Ich sehe meine Ziffern rasch verbleichen« die Spannung zwischen Kunst und Glauben im Schaffen von Jochen Klepper darstellte. Dieser Essay ist übrigens dem Band »In deines Herzens offene

Beletage im Schloß

Donnerstag, 11. Juni 1992, 19.30 Uhr

„Dass ich ihn leidend lobe -"

Jochen Klepper, Christ und Dichter (1903 - 1942).
Ein Lebensbild 50 Jahre nach seinem tragischen Tod

Literarischer Vortrag mit Prof. h. c. Detlev Block

Eintritt: DM 3,—

Kartenverkauf und tel. Reservierung am Veranstaltungstag von
9.00 bis 12.00 Uhr im Kurtheater, Telefon 15-1543, und eine Stunde
vor der Veranstaltung im Schloß.

BAD PYRMONT
Niedersächsisches Staatsbad

Zwei Beispiele für Klepper-Gedenkfeiern 1992

Einladung

Familienwappen

Jochen Klepper zum 50. Todestag

Gedenkfeier

der ev. Kirchengemeinde Wedel
am Freitag, 11.12.1992, um 19.30 Uhr
im Jochen-Klepper-Haus
von-Suttner-Str. 32
2000 Wedel

Wunde« (siehe Literaturverzeichnis) entnommen. Hier und da gab es Gedenkvorträge in literarischen Gesellschaften und Kirchengemeinden. So war der Verfasser mit dem Thema dieses Buches vielfach zu Gedenkfeiern in Niedersachsen eingeladen. Eine Besonderheit waren die Veranstaltungen vom 10.–13. Dezember 1992 in der Evangelischen Akademie Hamburg und in der Kirchengemeinde Wedel, auf deren Programm Vorträge und Festreden von Jürgen Henkys, Joachim Mehlhausen, Ursula Büttner, Rudolf Wentorf und Klaus Baumann standen und in deren Rahmen im Beisein der neuen Bischöfin Maria Jepsen eine Gedenktafel im Jochen-Klepper-Haus in Wedel enthüllt und eingeweiht wurde. In seinem Begleitschrieben zur Einladung nach Hamburg und Wedel schreibt der engagierte Wedeler Pfarrer Jenö Weisz: »Ich habe einen Jochen-Klepper-Kreis gegründet und bemühe mich derzeit um Kontakte mit ähnlichen Kreisen, Gruppen und interessierten Einzelpersonen, um Erfahrungen auszutauschen und eventuell eine bundesweite Jochen-Klepper-Gesellschaft zu organisieren«.

Mehr ins Licht der Öffentlichkeit trat der Name Jochen Klepper dadurch, daß sich die Deutsche Bundespost dankenswerterweise dazu entschloß, eine Sondermarke zum Gedenken an den Dichter herauszugeben. Klepper- und Briefmarkenfreunde machen davon gern Gebrauch, und so gehen ungezählte Briefe mit dem Bild und Namen Kleppers täglich ins In- und Ausland.

Schließlich brachte das Fernsehen eine halbstündige Erinnerung an Jochen Klepper und seinen Weg. Unter dem Titel »Ein Dichter unter dem Hakenkreuz« wurde

Sondermarke
der Deutschen Bundespost
zum Gedenken an
Jochen Klepper

im ARD-Programm am 22. November um 17.30 Uhr
ein behutsam nachgestellter Film über Klepper und
sein tragisches Ende gesendet.

Diese kleine Auswahl an Gedenkveranstaltungen
mag zeigen, daß auch über den Kreis der Kirche hinaus
die Gestalt und das Leben Jochen Kleppers etwas
hergeben, was zeitlos anspricht und bewegt und zu
wesentlichen Fragen des Mensch- und Christseins ein-
lädt.

Jochen Kleppers Werke

VERÖFFENTLICHUNGEN ZU LEBZEITEN:

Der Kahn der fröhlichen Leute. Roman. Deutsche
Verlagsanstalt Stuttgart, 1933. GTB Siebenstern
166, 1977, Tholenaar Morsbach, 1980.
Deutsche Gespräche von ewigen Dingen. Anonyme
Herausgabe, Berlin, 1934.
Claus Harms. Anonyme Herausgabe. Berlin, 1936.
Du bist als Stern uns aufgegangen. Gedichte und
geistliche Lieder, Berlin, 1937.
Der Vater. Roman eines Königs. Deutsche Verlags-
anstalt Stuttgart, 1937; 294–296. Tausend, 1977;
Rowohlt rororo 365–367, 1960; Deutscher Taschen-
buch Verlag dtv 1258, München, 1977.
In Tormentis Pinxit. Briefe und Bilder des Soldaten-
königs Friedrich Wilhelm I., König von Preußen.
Deutsche Verlagsanstalt, Stuttgart, 1938.
Kyrie. Geistliche Lieder. Erstausgabe Eckart-Verlag
Witten, 1938; 18. Auflage, Luther-Verlag, Biele-
feld, 1986.
Der König und die Stillen im Lande. Begegnungen
Friedrich Wilhelms I. mit August Hermann Frank-
ke, Gotthilf August Francke, Johann Anastasius
Freylinghausen, Nikolaus Ludwig Graf von Zinzen-
dorf. Herausgabe Eckart-Verlag Witten, 1938;
Luther-Verlag, Bielefeld, 1962.
Das halte fest. Ein Weggeleit aus Gottes Wort. Ausge-

legt von Jochen Klepper, Siegbert Stehmann, Rudolf Alexander Schröder, Berlin, 1940.

Der christliche Roman. Berlin, 1940.

Aufsätze, Gedichtbeiträge, Würdigungen und Rezensionen von Jochen Klepper, erschienen unter anderem in den Zeitschriften »Eckart« (ab 1926), »Zeitwende« (ab 1931), »Die literarische Welt« (ab 1932), »Die Literatur« (ab 1933), »Das innere Reich« (ab 1934) und »Weiße Blätter« (ab 1936).

NACH KLEPPERS TOD ERSCHIENEN:

Gedichte. Olympische Sonette. Der König. Spielberg Berlin, 1947.

Das ewige Haus. Geschichte der Katharina von Bora und ihres Besitzes. Romanfragment. Aus dem Nachlaß herausgegeben und eingeleitet von Karl Pagel. Deutsche Verlagsanstalt Stuttgart, 1951; Lizenzausgabe »Die Flucht der Katharina von Bora«, GTB Siebenstern 275, 1978.

Unter dem Schatten deiner Flügel. Aus den Tagebüchern der Jahre 1932–1942. Herausgegeben von Hildegard Klepper. Auswahl, Anmerkungen und Nachwort von Benno Mascher. Geleitwort von Reinhold Schneider. Deutsche Verlagsanstalt, Stuttgart 1956; Deutscher Taschenbuch Verlag, dtv 1207, 1976.

Überwindung. Tagebücher und Aufzeichnungen aus dem Kriege. Herausgegeben von Hildegard Klepper. Mit einem Nachwort und Anmerkungen von

Benno Mascher. Deutsche Verlagsanstalt, Stuttgart 1958.

Gast und Fremdling. Briefe an Freunde. Herausgegeben von Eva-Juliane Meschke. Eckart-Verlag, Witten und Berlin, 1960.

Nachspiel. Erzählungen, Aufsätze, Gedichte. Herausgegeben von Kurt Ihlenfeld. Eckart-Verlag, Witten und Berlin, 1960.

Das Ende. Novelle. 2. Auflage Eckart-Verlag, Witten und Berlin, 1963.

Ziel der Zeit. Die gesammelten Gedichte. Eckart-Verlag, Witten und Berlin, 1962; 3. Auflage Luther-Verlag, Bielefeld, 1980.

Bleibe mit mir im Gericht. Eine Auswahl aus Jochen Kleppers Tagebüchern. Herausgegeben von Benno Mascher, Bamberg, 1963.

Der Sand soll blühen. Worte aus Jochen Kleppers Tagebüchern, geschrieben von Kurt Wolff, Wuppertal, 1971.

Briefwechsel 1925–1942. Herausgegeben und bearbeitet von Ernst G. Riemenschneider. Deutsche Verlagsanstalt, Stuttgart, 1973.

ÜBER JOCHEN KLEPPER (eine Auswahl):

Harald von Koenigswald: Gottes dringliche Anrede. Zum 10jährigen Todestag Jochen Kleppers am 10. Dezember 1952. In: Die neue Furche, 6. Jahrgang (1952), S. 801–807.

A. Fratzscher: »Das Wittern immer neuer Gefahr«. Vom Weg eines deutschen Schriftstellers im Dritten

Reich. In: Börsenblatt für den Deutschen Buchhandel. Frankfurter Ausgabe, 13. Jahrgang (1957), S. 817–1818.

Kurt Ihlenfeld: Freundschaft mit Jochen Klepper. Ekkart-Verlag, Witten und Berlin, 1958.

Hellmut Seier: Kollaborative und oppositionelle Momente der Inneren Emigration Jochen Kleppers. In: Jahrbuch für die Geschichte Mittel- und Ostdeutschlands, Band VIII, Tübingen, 1959, S. 319–347.

Johannes Pfeiffer: Jochen Klepper. In: Johannes Pfeiffer: Dichtkunst und Kirchenlied. Hamburg, 1961, S. 151–164.

Harald von Koenigswald: Zum 20. Todestag Jochen Kleppers. In: Deutsche Rundschau, 88. Jahrgang (1962), S. 1079–1083.

Robert Minder: Das Bild des Pfarrhauses in der deutschen Literatur von Jean Paul bis Gottfried Benn. In: Robert Minder: Kultur und Literatur in Deutschland und Frankreich. Frankfurt, 1962, S. 44–72.

Rudolf Wentorf: Jochen Klepper. Ein Dichter im Dennoch. Brunnen-Verlag Gießen, 1964.

Werner Braselmann: Glaube und Geschichte bei Jochen Klepper und Reinhold Schneider. Das Gespräch, Heft 51. Jugenddienst-Verlag, Wuppertal-Barmen, 1964.

Klaus Baumann: Die Bedeutung der Bibel in Theorie und Wirklichkeit der Dichtung bei Jochen Klepper. Zum Problem der Einheit von Glaube und Wortkunst. Dissertation, Hamburg, 1966. Bamberger Fotodruck Hamburg, 1967.

Ilse Jonas: Jochen Klepper, Dichter und Zeuge. Christlicher Zeitschriftenverlag, Berlin, 1967 (Lizenzausgabe der Evangelischen Verlagsanstalt, Berlin).

Rudolf Wentorf: Nicht klagen sollst du: loben. Jochen Klepper in memoriam zum 10. Dezember 1967. Brunnen-Verlag Gießen und Basel, 1967.

Jürgen Henkys: Zum Liedschaffen Jochen Kleppers. In: Die Zeichen der Zeit. 21. Jahrgang. Seite 458 ff. Berlin, 1967.

Walter Tappolet: Ich liege, Herr, in deiner Hut. Monographie über ein Abendlied Jochen Kleppers. Ekkart-Verlag, Witten und Berlin, 1968.

Rudolf Renner: Zeit in seinen Händen. Das Neujahrslied Jochen Kleppers als Unterrichtstext. In: Evangelische Unterweisung, 24. Jahrgang (1969), S. 273–281.

Guenter Wirth: Jochen Klepper. Union-Verlag, Berlin, 1972 (= Christ in der Welt, Nr. 34).

Ernst G. Riemenschneider: Der Fall Klepper. Eine Dokumentation. Deutsche Verlagsanstalt, Stuttgart, 1975.

Jürgen Henkys: Jochen Kleppers Mittagslied. In: Theologische Versuche 6. Seite 269–274. Berlin, 1975.

Benno Mascher: Dichter der christlichen Gemeinde: Jochen Klepper. Quell Verlag, Stuttgart, 1977.

Rita Thalmann: Jochen Klepper. Ein Leben zwischen Idyllen und Katastrophen. Christian Kaiser Verlag, München, 1977 (die umfassendste und wichtigste Biographie).

Arno Lubos: Jochen Klepper Werke. Beschreibung und Biographie. Beyer Hollfeld/Ofr., 1978 (= Analysen und Reflexionen, Band 29).

Detlev Block: Auserwählt im Ofen des Elends. Der Christ und Dichter Jochen Klepper. Ein Lebensbild. Delp'sche Verlagsbuchhandlung, München, 1982

Heinz Grosch: Nach Jochen Klepper fragen. Annäherung über Selbstzeugnisse, Bilder und Dokumente. J. F. Steinkopf Verlag, Stuttgart, 1982.

Martin Rößler: Liedermacher im Gesangbuch, Band 3: Jochen Klepper, Seite 164–205. Calwer Verlag, Stuttgart, 1991.

Oliver Kohler (Hrsg.): In deines Herzens offene Wunde. In Erinnerung an Jochen Klepper (1903–1942). Mit Beiträgen von Andreas Felger, Rita Frind, Albrecht Goes, Rüdiger Görner, Haim Goren, Udo Hahn, Herwig Sander, Heimo Schwilk, Heinrich Spaemann, Carsten Peter Thiede, Emil Wachter und Ulrich Wilckens. Präsenz-Verlag Gnadenthal, Hünfelden, 1992.

Detlev Block: Leicht läßt uns Gott nicht singen – Zum 50. Todestag von Jochen Klepper. Evangelischer Pressedienst, Ausgabe für kirchliche Presse, Frankfurt/Main, Nr. 45, 4. November 1992.

Wichmann von Meding: Dann bin ich Wasser, Feuer, Erde, Luft. Jochen Klepper – wie er war und wie er wirkt. Lutherische Monatshefte, Hannover, Nr. 12, 31. Jahrgang, Dezember 1992, Seite 553–555.

Handbuch zum Evangelischen Kirchengesangbuch, Band III: Liederkunde 1. Teil und 2. Teil. Verlag Vandenhoeck und Ruprecht, Göttingen, 1970 und 1990.

Roland Leonhardt (Hrsg.)

Dietrich Bonhoeffer oder der Versuch, in Wahrheit zu leben

Gedanken, die das Leben begleiten

Johannis-Geschenktaschen-
buch 07080
48 Seiten, mit Farbbildern
ISBN 3-501-07080-2

In der Reihe »Gedanken, die das Leben begleiten«
erscheinen Bücher mit ausgewählten Texten von Menschen, die in besonderer Weise auch unserer Zeit etwas
zu sagen haben.

»Ich glaube, daß Gott aus allem, auch aus dem Böse-
sten Gutes entstehen lassen kann und will. Dafür
braucht er Menschen, die sich alle Dinge zum Besten
dienen lassen. Ich glaube, daß Gott uns in jeder
Notlage soviel Widerstandskraft geben will, wie wir
brauchen. Aber er gibt sie nicht im voraus, damit wir
uns nicht auf uns selbst, sondern allein auf ihn verlassen. In solchem Glauben müßte alle Angst vor der
Zukunft überwunden sein.«
Dietrich Bonhoeffer

Johannis

Kurt Ihlenfeld

Das wirkende Wort

Annäherungen an prominente
Protestanten von
Martin Luther
bis Jochen Klepper

Johannis-Literatur 05408
160 Seiten, 12 × 19 cm
ISBN 3-501-01227-6

Kurt Ihlenfeld verdient nicht nur als Gründer des Eckart-Kreises und als Autor großer christlicher Romane wie »Wintergewitter« und »Kommt wieder, Menschenkinder« im Bewußtsein zu bleiben; gerade auch seine klugen Essays weisen ihn als »Homme de lettre« von hohem Rang, als Schriftsteller, der Bleibendes und Wegweisendes zu sagen hat.

In diesem Buch finden sich zwei Luther-Essays, »Der Unbekannte« und »Blick in Luthers Briefe«, zwei sehr schöne Aufsätze über Paul Gerhardt und Matthias Claudius sowie eine Würdigung seines Freundes Jochen Klepper »Als Dichter der Kirche« und eine brillante Interpretation eines Luthergedichts Gottfried Benns.

Johannis